petits goûters avec les marques cultes

petits goûters avec les marques cultes

marabout

Les auteurs des recettes :
Lene Knudsen (pages 70 à 89, 132 à 153 et 216 à 235)
Ilona Chovancova (pages 28 à 49 et 196 à 215)
Catherine Quévremont (pages 90 à 109)
Émilie Guelpa (pages 50 à 69)
Emmanuelle Redaud (pages 176 à 195)
Sandra Mahut (pages 110 à 131)
Brigitte Namour (pages 154 à 175)
Garlone Bardel (page 6 à 27)

Crédits photographiques :
Ilona Chovancova (pages 28 à 49, 90 à 109 et 196 à 215)
Richard Boutin (pages 6 à 27 et 110 à 153)
Lucie Cipolla (pages 176 à 195 et 154 à 175)
Akiko Ida (pages 216 à 235)
Émilie Guelpa (pages 50 à 69)
Valéry Guédes (pages 70 à 89)

Crédits marques :
Avec l'aimable autorisation de CARAMBAR®.
Avec la collaboration de La Pie Qui Chante®.
Avec la collaboration de SMARTIES®. ®Reg, Trademark of Société des Produits Nestlé S.A 1800 Vevey Suisse.
Avec la collaboration de HARIBO®. CHAMALLOWS® est une marque appartenant à la société HARIBO® Ricqlès Zan et ne peut être reproduite sans l'autorisation de HARIBO®.
Avec la collaboration de CEMOI® Chocolatier français.
Avec la collaboration de CLÉMENT FAUGIER.
Avec la collaboration de La Laitière®.
Avec la collaboration de LOTUS® BAKERIES.
Avec la collaboration de DELACRE®.
Avec la collaboration de BANANIA®.
Avec la collaboration de TEISSEIRE.

Pour l'éditeur, le principe est d'utiliser des papiers composés de fibres naturelles, renouvelables, recyclables et fabriquées à partir de bois issus de forêts qui adoptent un système d'aménagement durable. En outre, l'éditeur attend de ses fournisseurs de papier qu'ils s'inscrivent dans une démarche de certification environnementale reconnue.

Édité par Hachette Livre,
43, quai de Grenelle, 75905 Paris Cedex 15.
Achevé d'imprimer en juin 2014 par
Orymu, Espagne.
ISBN : 978-2-501-09764-2
Dépôt légal : août 2014
82.8891.9/01

Le bon petit déjeuner équilibré
BANANIA
la Lai
CRÈME DE MARR
Clément Faugier
PRIVAS FRANCE
DE L'ARDÈCHE®
CARAMBAR
Char
Le bon petit déjeu
BANA
L'A
Petit
Teisseire

sommaire

CARAMBAR

kit crèmes

pâte à tartiner maison au CARAMBAR®

Pour **un pot à confiture** environ

150 g de **purée de noisettes** (épiceries bio),
150 g de **chocolat au praliné**,
10 **CARAMBAR®**, 25 cl de **crème fleurette**

Dans une casserole portée sur feu moyen, faire fondre les CARAMBAR® dans la crème fleurette en remuant. Quand ils sont complètement dissous, ajouter le chocolat au praliné et le laisser fondre en remuant constamment, puis ajouter hors du feu la purée de noisettes. Remuer énergiquement jusqu'à l'obtention d'une pâte à tartiner onctueuse. Tartiner au petit déjeuner ou au goûter, et conserver au réfrigérateur jusqu'à la prochaine dégustation. Penser à sortir la pâte à tartiner du réfrigérateur environ 30 minutes avant de la consommer pour qu'elle ramollisse.

coulis de CARAMBAR®

Pour **20 cl** de coulis

10 **CARAMBAR®**, 10 cl de **crème fleurette**,
20 g de **beurre salé**

Dans une casserole portée sur feu moyen, faire fondre les CARAMBAR® dans la crème en remuant. Quand ils sont dissous, ajouter le beurre et mélanger. Servir chaud sur des gaufres, des crêpes, de la glace…

glaçage au CARAMBAR®

Pour le **glaçage d'un cake** ou d'une **douzaine de choux**

6 **CARAMBAR®**, 3 c. à s. de **crème fleurette**, 2 pincées de **sel**

Faire fondre à feu moyen les CARAMBAR® dans la crème fleurette, puis ajouter le sel. Quand le mélange est homogène, le verser aussitôt sur un gâteau, un cake ou des petits choux avant que le glaçage ne fige.

financiers au CARAMBAR®

Pour **12 financiers**
Préparation **15 minutes**
Cuisson **15 minutes**

4 **CARAMBAR®**
2 c. à s. de **crème fleurette**
50 g de **farine**
3 **blancs d'œuf**
100 g de **sucre glace**
80 g d'**amandes en poudre**
100 g de **beurre doux**
+ 1 **noix de beurre** pour les moules
une pincée de **sel**

Préchauffer le four à 210 °C.

Mélanger la farine, le sucre glace, la poudre d'amandes et le sel.

Verser les blancs d'œuf dessus et mélanger le tout.

Faire fondre le beurre dans une petite casserole, le verser sur le mélange aux amandes et mélanger de nouveau. Remplir les moules à financier aux trois quarts avec la pâte obtenue.

Dans une casserole, faire fondre les CARAMBAR® avec la crème fleurette, puis mettre une petite cuillerée de ce mélange au centre de chacun des financiers. Enfourner et laisser cuire pendant environ 15 minutes jusqu'à ce qu'ils soient bien dorés.

Caramel

muffins citron et CARAMBAR®

Pour **6 muffins**
Préparation **15 minutes**
Cuisson **20 minutes**

- 125 g de **farine** + un peu
- 1 sachet de **levure**
- 125 g de **miel liquide**
- 1 **œuf**
- 10 cl d'**huile de tournesol**
- le **zeste** finement râpé d'un **citron non traité**
- 40 g de **zeste de citrons** confits
- 4 **CARAMBAR®**

Préchauffer le four à 180 °C.

Mélanger dans un saladier la farine, la levure et le miel chaud. Laisser tiédir, puis ajouter l'œuf et mélanger. Ajouter alors l'huile et mélanger de nouveau jusqu'à l'obtention d'une pâte onctueuse.

Couper les CARAMBAR® en petits dés. Couper les zestes de citrons confits en dés de la même taille et les rouler dans de la farine. Mettre le zeste de citron râpé ainsi que les dés de zeste de citrons confits et de CARAMBAR® dans la pâte.

Répartir la pâte dans des moules à muffins en les remplissant aux trois quarts, enfourner et laisser cuire pendant 20 minutes.

mousses chocolat et CARAMBAR®

Pour **4 personnes**
Préparation **20 minutes**
Cuisson **5 minutes**
Repos **2 heures** minimum

4 **CARAMBAR®**
120 g de **chocolat noir**
4 **œufs**
une pincée de **sel**

Faire fondre au bain-marie le chocolat coupé en morceaux et les CARAMBAR®. Bien mélanger jusqu'à l'obtention d'une préparation homogène. Laisser tiédir.

Casser les œufs en séparant les blancs des jaunes. Monter les blancs en neige ferme avec le sel. Ajouter les jaunes dans la préparation au chocolat et mélanger, puis incorporer délicatement les blancs en neige.

Répartir la mousse chocolat-CARAMBAR® dans des verres ou des coupelles, et réserver au réfrigérateur pendant au moins 2 heures avant de servir.

crèmes brûlées au CARAMBAR®

Pour **4 personnes**
Préparation **15 minutes**
Cuisson **1 heure**
Repos **2 heures**

5 **jaunes d'œuf**
100 g de **sucre**
4 **CARAMBAR®**
50 g de **crème fleurette** entière
1 **gousse de vanille**

Préchauffer le four à 90 °C.

Fouetter dans un grand bol les jaunes d'œuf avec le sucre jusqu'à ce que le mélange blanchisse. Ajouter la crème fleurette et les graines de la gousse de vanille, puis fouetter vivement.

Répartir la crème dans des moules à crème brûlée ou dans des ramequins. Préparer un bain-marie, poser les moules dedans, enfourner et faire cuire pendant 1 heure.

À la sortie du four, laisser refroidir et réserver au réfrigérateur pendant 2 heures au minimum. Juste avant de servir, râper les CARAMBAR®, en parsemer les crèmes et les passer pendant quelques instants sous le gril très chaud du four. Servir aussitôt.

petits pots de crème au CARAMBAR®

Pour **4 personnes**
Préparation **15 minutes**
Cuisson **50 minutes**

6 **CARAMBAR®**
2 **œufs**
30 cl de **lait**

Préchauffer le four à 180 °C.

Faire fondre les CARAMBAR® avec le lait dans une casserole en remuant constamment. Retirer du feu et réserver.

Battre les œufs dans un bol et leur incorporer le lait au CARAMBAR® en remuant vivement. Répartir le mélange obtenu dans des ramequins, placer ces derniers dans un plat avec de l'eau jusqu'à mi-hauteur et enfourner. Faire cuire dans ce bain-marie pendant 45 minutes.

À la sortie du four, laisser refroidir avant de réserver dans le réfrigérateur. Servir bien frais.

riz au lait au CARAMBAR®

Pour **4 personnes**
Préparation **20 minutes**
Cuisson **30 minutes**

1 sachet de **sucre vanillé**
130 g de **riz rond**
6 **CARAMBAR®**
65 cl de **lait**

Laver le riz et le faire cuire pendant 5 minutes dans une casserole d'eau bouillante, en remuant de temps à autre.

Égoutter le riz, le remettre dans la casserole et ajouter le lait, les CARAMBAR® et le sucre vanillé. Porter à ébullition, tout en remuant, puis baisser le feu et faire cuire à feu doux pendant 25 minutes.

Verser le riz au lait dans des coupelles et laisser refroidir avant de servir.

crumble poire-ananas et CARAMBAR®

Pour **4 personnes**
Préparation **15 minutes**
Cuisson **30 minutes**

2 **poires**
1 **ananas victoria**
½ **citron**
75 g de **beurre** + un peu pour le plat
75 g de **cassonade**
75 g de **farine**
75 g d'**amandes en poudre**
8 **CARAMBAR®**

Préchauffer le four à 180 °C.

Peler l'ananas et les poires. Couper les fruits en cubes d'environ 1 cm de côté, les mettre dans un plat à gratin beurré et les arroser avec le jus du demi-citron.

Dans un bol, couper le beurre en petits morceaux. Ajouter la cassonade, la farine et les amandes en poudre. Mélanger le tout du bout des doigts jusqu'à l'obtention d'une pâte sableuse, puis répartir celle-ci sur les fruits.

Couper les CARAMBAR® en petits cubes à l'aide d'un gros couteau et les parsemer sur le crumble.

Enfourner le plat et laisser cuire pendant 30 minutes. Servir bien chaud ou légèrement tiédi.

moelleux chocolat et cœur CARAMBAR®

Pour **6 personnes**
Préparation **20 minutes**
Repos **24 heures**
Cuisson **15 minutes** environ

4 **CARAMBAR®**
2 c. à s. de **crème fleurette**
une pincée de **sel**
180 g de **chocolat noir** à 70 % de cacao
170 g de **beurre**
225 g de **sucre**
6 **œufs**
40 g de **farine** tamisée
40 g de **Fleur de Maïs Maïzena®**

Faire fondre au bain-marie le beurre et le chocolat cassé en morceaux. Fouetter les œufs et le sucre dans un saladier jusqu'à ce que le mélange blanchisse, puis incorporer le chocolat et le beurre fondus. Ajouter la farine et la Maïzena® en la versant doucement, puis remuer délicatement au fouet. Réserver la pâte.

Préchauffer le four à 170 °C.

Faire fondre les CARAMBAR® dans la crème fleurette avec la pincée de sel dans une petite casserole.

Beurrer six ramequins de 5 cm de diamètre.
Les remplir du mélange au chocolat aux trois quarts, puis déposer au centre 1 cuillerée de mélange au CARAMBAR®. Enfourner les ramequins, laisser cuire pendant environ 15 minutes et déguster sans attendre.

tiramisu au CARAMBAR®

Pour **6 personnes**
Préparation **20 minutes**
Repos **12 heures**

20 cl de **lait**
8 **CARAMBAR®**
300 g de **biscuits à la cuiller**
4 **œufs**
400 g de **mascarpone**
2 sachets de **sucre vanillé**
4 c. à s. rases de **cacao amer**
une pincée de **sel**

Casser les œufs en séparant les blancs des jaunes. Battre les jaunes avec le sucre vanillé et quand le mélange commence à blanchir, ajouter le mascarpone en fouettant énergiquement. Monter les blancs en neige avec une pincée de sel, puis les incorporer délicatement au mélange au mascarpone. Réserver au réfrigérateur.

Dans une casserole, faire fondre à feu doux les CARAMBAR® dans le lait. Retirer du feu, transférer dans une assiette creuse et laisser tiédir.

Tremper les biscuits à la cuiller dans le lait au CARAMBAR®. Disposer des biscuits dans le fond d'un moule à gratin, les couvrir d'une couche de crème au mascarpone, ajouter une couche de biscuits et une nouvelle couche de crème. Mettre au réfrigérateur pendant une nuit.

Le lendemain, au moment de servir, saupoudrer le tiramisu de cacao amer à l'aide d'une passoire fine.

MI-CHO-KO

kit crèmes & cie

pâte à tartiner

10 **MICHOKO®** (au chocolat noir, lait ou blanc), 1 c. à s. de **crème liquide**, 100 g de **mascarpone**, 50 g de **poudre d'amandes** ou de **poudre de noisettes** torréfiée

Dans une casserole, faire fondre à feu doux les MICHOKO® dans la crème liquide. Hors du feu, ajouter le mascarpone et la poudre d'amandes. Mélanger puis verser dans un pot et réserver au réfrigérateur 2 heures minimum pour que la pâte durcisse.

crème aux MICHOKO®

15 **MICHOKO®** (au chocolat noir, lait ou blanc), 2 c. à s. de **crème liquide**, 100 g de **mascarpone**

Dans une casserole, faire fondre à feu doux les MICHOKO® dans la crème liquide. Hors du feu, ajouter le mascarpone. Mélanger puis verser dans un pot et réserver au réfrigérateur 2 heures minimum. Parfait pour les recettes de type tiramisu minute, mille-feuille, verrine.

ganache aux MICHOKO®

20 **MICHOKO®** (au chocolat noir, lait ou blanc), 1 c. à s. de **crème liquide**

Dans une casserole, faire fondre à feu doux les MICHOKO® dans la crème liquide. Parfait pour les recettes de type linzertorte, tarte au chocolat, sablé, riz au lait, pain perdu et tous les gâteaux.

sauce aux MICHOKO®

20 **MICHOKO®** (au chocolat noir, lait ou blanc), 5 c. à s. de crème liquide

Dans une casserole, faire fondre à feu doux les MICHOKO® dans la crème liquide. Parfait pour les recettes de type profiterole, pancake, verrine, sur les glaces ou encore dans les yaourts.

MI-CHO-KO

mousse aux MICHOKO®

Pour **6 personnes**
Préparation **3 minutes**
Repos **3 heures**

15 **MICHOKO® au chocolat noir**
20 cl de **crème liquide**

Dans une casserole, faire fondre à feu doux les MICHOKO® dans la crème liquide et bien mélanger. Réserver 1 heure minimum au réfrigérateur.

Verser la préparation dans un siphon puis visser la cartouche de gaz. Réserver 2 heures minimum au réfrigérateur avant de l'utiliser.

Servir, accompagné de biscuits de votre choix.

MI-CHO-KO

crème caramel aux MICHOKO®

Pour **6 personnes**
Préparation **15 minutes**
Cuisson **45 minutes**

1 **gousse de vanille**
50 cl de **lait entier**
2 **œufs entiers** + 3 **jaunes**
90 g de **sucre en poudre**
20 **MICHOKO®**

Fendre la gousse de vanille en deux dans la longueur et, à l'aide d'un couteau, récupérer les graines.

Dans une casserole, verser le lait avec les graines de vanille et la gousse. Porter à ébullition.

Dans un saladier, mélanger les œufs, les jaunes et le sucre, sans cesser de fouetter. Verser le lait chaud, tout doucement, sans cesser de fouetter.

Dans une casserole à fond épais, faire fondre les MICHOKO® à feu doux.

Napper le fond et les parois de 6 ramequins de MICHOKO® fondus puis répartir la préparation aux œufs. Préchauffer le four à 150 °C.

Disposer les ramequins dans un plat allant au four, ajouter de l'eau bouillante jusqu'à mi-hauteur des ramequins et enfourner. Laisser cuire 45 minutes. Laisser refroidir, puis démouler au moment de servir.

cheese-brownie aux MICHOKO®

Pour **8 personnes**
Préparation **15 minutes**
Cuisson **30 minutes**

300 g de **fromage blanc**
2 **œufs**
le **zeste** de 1 **citron**
125 g de **sucre glace**
1 sachet de **sucre vanillé**
20 **MICHOKO®**
2 c. à s. de **crème liquide**
12 cl de **lait fermenté**
10 cl d'**huile végétale**
125 g de **sucre en poudre**
250 g de **farine**
1 c. à s. de **cacao en poudre**
½ sachet de **levure chimique**

Préchauffer le four à 180 °C.

Battre le fromage blanc avec 1 œuf, le zeste du citron, le sucre glace et le sucre vanillé. Réserver.

Dans une casserole, faire fondre les MICHOKO® à feu doux dans la crème liquide.

Mélanger l'œuf restant avec le lait, l'huile et le sucre en poudre. Ajouter ensuite la farine, le cacao en poudre tamisé, les MICHOKO® fondus et la levure. Bien mélanger.

Verser les trois quarts du mélange au chocolat dans un moule préalablement garni d'une feuille de papier sulfurisé, puis verser par-dessus le mélange au fromage blanc. Couvrir irrégulièrement avec le reste de pâte au chocolat. Enfourner et laisser cuire 30 minutes. Vérifier la cuisson avec la pointe d'un couteau : la lame doit ressortir propre et sèche. Laisser complètement refroidir avant de découper le gâteau en morceaux.

linzertorte aux MICHOKO®

Pour **6 personnes**
Préparation **20 minutes**
Repos **2 heures**
Cuisson **35 minutes**

150 g de **beurre mou**
150 g de **sucre glace**
2 **jaunes d'œuf**
+ 1 **jaune** pour dorer
175 g de **farine**
100 g de **noisettes** torréfiées en poudre
le **zeste** de 1 **citron**
une pincée de **clous de girofle** moulus (facultatif)
1 c. à c. de **cannelle** moulue
une pincée de **sel**
30 **MICHOKO®**
4 c. à s. de **crème liquide**

Mélanger le beurre coupé en dés avec le sucre jusqu'à l'obtention d'une crème homogène. Ajouter 2 jaunes d'œuf et bien mélanger.

Mélanger la farine avec les noisettes en poudre, le zeste de citron, le clou de girofle et la cannelle moulus. Ajouter ce mélange à la crème beurre-sucre-jaunes d'œuf. Malaxer avec les doigts jusqu'à l'obtention d'une pâte homogène. Laisser reposer la pâte 2 heures minimum au réfrigérateur.

Étaler les trois quarts de la pâte et en garnir l'intérieur d'un moule à tarte. Étaler le reste de la pâte et la découper en bandes larges de 2 cm.

Préchauffer le four à 160 °C.

Dans une casserole, faire fondre à feu doux les MICHOKO® dans la crème liquide. Verser sur le fond de tarte. Recouvrir de bandes de pâte en croisillons. Dorer avec le jaune d'œuf restant. Enfourner et laisser cuire 35 minutes.

fondant au chocolat & à la coriandre, cœur coulant MICHOKO®

Pour **4 personnes**
Préparation **10 minutes**
Cuisson **7 minutes**

80 g de **sucre semoule**
+ pour les ramequins
2 **œufs**
50 g de **beurre**
80 g de **chocolat à 70 %**
1 c. à s. de **farine**
1 petit bouquet de **coriandre** fraîche, hachée finement
4 **MICHOKO®**

Mélanger le sucre avec les œufs jusqu'à l'obtention d'une crème homogène.

Dans une casserole, faire fondre à feu doux le beurre et le chocolat.

Mélanger les deux préparations et ajouter la farine et la coriandre hachée.

Préchauffer le four à 180 °C.

Beurrer soigneusement 4 ramequins puis les chemiser avec un peu de sucre. Y verser la préparation. Ajouter 1 MICHOKO® au centre de chaque ramequin. Enfourner et laisser cuire 7 minutes.

gâteau sablé banane-MICHOKO®

Pour **8 personnes**
Préparation **15 minutes**
Repos **1 heure**
Cuisson **30 minutes**

400 g de **farine**
150 g de **sucre glace**
1 sachet de **levure chimique**
200 g de **beurre**
2 **œufs**
une pincée de **sel**
20 **MICHOKO®**
2 c. à s. de **crème liquide**
6 ou 7 **bananes**

Mettre la farine, le sucre, la levure chimique et le beurre dans le bol d'un mixeur et mixer quelques secondes pour sabler la pâte.

Ajouter les œufs et le sel, puis mixer 5 secondes. Verser la préparation sur un plan de travail et la rassembler rapidement en boule. La diviser en deux parties : un quart et trois quarts. Les filmer et réserver 1 heure au congélateur.

Préchauffer le four à 180 °C.

Dans une casserole, faire fondre à feu doux les MICHOKO® dans la crème liquide.

Couper les bananes en rondelles.

Râper grossièrement les trois quarts de pâte congelée. En tapisser le fond d'un moule rectangulaire de 27 cm de côté garni de papier sulfurisé. Déposer dessus les rondelles de banane et verser dessus irrégulièrement les MICHOKO® fondus. Râper le reste de la pâte congelée pour recouvrir le gâteau. Enfourner et laisser cuire 30 minutes.

quatre-quarts marbré aux MICHOKO®

Pour **8 personnes**
Préparation **15 minutes**
Cuisson **50 minutes**

200 g de **beurre**
3 gros **œufs**
une pincée de **sel**
200 g de **sucre en poudre**
1 sachet de **levure chimique**
100 g de **farine**
100 g de **Fleur de Maïs Maïzena®**
15 **MICHOKO®**
2 c. à s. de **crème liquide**

Faire fondre le beurre au four à micro-ondes.

Battre les œufs avec le sel et le sucre. Fouetter jusqu'à ce que le mélange blanchisse et double de volume. Ajouter ensuite la levure, la farine et la Maïzena® puis le beurre fondu.

Dans une casserole, faire fondre à feu doux les MICHOKO® dans la crème liquide.

Diviser la pâte en deux. Ajouter dans une moitié de pâte les MICHOKO® fondus. Mélanger délicatement.

Préchauffer le four à 180 °C.

Verser en alternant les deux pâtes dans un moule à cake préalablement beurré et fariné. Pour obtenir un joli effet marbré, dessiner des vagues dans la pâte à l'aide d'une pique en bois. À l'aide d'un couteau mouillé, faire une incision au milieu du cake.

Enfourner et laisser cuire 50 minutes. Vérifier la cuisson avec la pointe d'un couteau : la lame doit ressortir propre et sèche. Laisser reposer 10 minutes avant de démouler.

profiteroles aux MICHOKO®

Pour **15 pièces**
Préparation **20 minutes**
Cuisson **25 minutes**

une pincée de **sel**
40 g de **beurre**
75 g de **farine**
2 **œufs** + 1 **jaune** pour dorer
30 **MICHOKO®**
glace vanille
5 c. à s. de **crème liquide**

Dans une casserole, verser 12 cl d'eau et porter à ébullition. Ajouter le sel et le beurre coupé en petits morceaux. Lorsque le beurre est fondu, hors du feu ajouter la farine et mélanger énergiquement. Remettre la casserole à feu doux et laisser dessécher la pâte 5 minutes environ. Lorsqu'elle commence à former une pellicule sur le fond de la casserole, la mettre dans un saladier. Ajouter les œufs un par un en les incorporant à la pâte à l'aide d'une spatule.

Préchauffer le four à 200 °C. Sur une plaque garnie d'une feuille de papier sulfurisé, déposer des petites noix de pâte à l'aide d'une poche à douille. Laisser un espace de 5 cm environ entre chaque chou. Dorer chaque chou de jaune d'œuf battu à l'aide d'un pinceau. Enfourner et laisser cuire 15 minutes puis baisser la température du four à 180 °C et laisser cuire 10 minutes supplémentaires. Laisser refroidir les choux avant de les ouvrir en deux.

Dans le bol d'un mixeur, mettre 10 MICHOKO®. Mixer pour les réduire en poudre. Faire des petites boules de glace puis les rouler dans les MICHOKO® en poudre et réserver au congélateur jusqu'au moment de servir.

Dans une casserole, faire fondre à feu doux les MICHOKO® restants dans la crème liquide.

Au moment de servir, déposer une boule de glace dans chaque chou et recouvrir de sauce MICHOKO®.

cookies aux MICHOKO® & cranberries

Pour **15 à 20 cookies**
Préparation **15 minutes**
Cuisson **13 minutes**

125 g de **beurre demi-sel** mou
100 g de **cassonade**
120 g de **farine**
80 g de **Fleur de Maïs Maïzena®**
une pincée de **sel**
1 **œuf**
20 **MICHOKO®**
100 g de **cranberries**

Préchauffer le four à 180 °C.

Dans un saladier, travailler le beurre en pommade avec une spatule en bois puis le mélanger avec la cassonade. Ajouter la farine, la Maïzena® et le sel puis mélanger avec les doigts en faisant rouler la préparation pour la sabler.

Dans un petit bol, bien battre l'œuf puis le verser dans la préparation et bien mélanger. Incorporer les MICHOKO® coupés en dés et les cranberries, puis mélanger délicatement avec les doigts.

Sur une plaque, étaler une feuille de papier sulfurisé. Façonner des boules de pâte de la grosseur d'une belle noix et les disposer sur la plaque en les espaçant légèrement. Les écraser légèrement. Enfourner et laisser cuire 13 minutes. Les cookies sont cuits quand le contour commence légèrement à colorer. Les laisser refroidir sur la plaque.

kit bonbons

Pour **4 personnes**

bonbons SMARTIES® chocolat blanc

1 paquet de **SMARTIES® Mini**,
70 g de **chocolat blanc**

Dans un moule à glaçons, disposer des SMARTIES® Mini dans chaque empreinte. Faire fondre le chocolat blanc au bain-marie. Verser dans les empreintes et réserver au réfrigérateur avant de démouler.

bonbons SMARTIES® chocolat noir

1 paquet de **SMARTIES® Mini**,
70 g de **chocolat noir**

Dans un moule à glaçons, disposer des SMARTIES® Mini dans chaque empreinte. Faire fondre le chocolat noir au bain-marie. Verser dans les empreintes et réserver au réfrigérateur avant de démouler.

bonbons SMARTIES® caramel

1 paquet de **SMARTIES® Mini**,
70 g de **sucre en poudre**, 2 c. à s. d'**eau**,
20 g de **beurre demi-sel**

Dans un moule à glaçons, disposer des SMARTIES® Mini dans chaque empreinte. Dans une poêle, faire chauffer le sucre et 2 cuillerées à soupe d'eau jusqu'à ce que le mélange brunisse légèrement. Ajouter le beurre et mélanger. Verser le caramel dans les empreintes, puis laisser refroidir au réfrigérateur avant de démouler.

mille-feuilles aux SMARTIES®

Pour **4 personnes**
Préparation **30 minutes**
Cuisson **5 minutes**
Réfrigération **4 heures**

200 g de **chocolat noir**
4 **œufs**
4 **feuilles de brick**
5 c. à s. de **miel**
80 g de **SMARTIES® rouges**
100 g de **framboises**

Préchauffer le four à 180 °C.

Faire fondre le chocolat noir au bain-marie.

Séparer les blancs des jaunes d'œuf. Mélanger les jaunes avec le chocolat fondu. Battre les blancs en neige ferme et les incorporer très délicatement au mélange. Réserver 4 heures au réfrigérateur.

Découper 6 rectangles dans chaque feuille de brick. Les badigeonner de miel puis les déposer sur la plaque du four préalablement garnie de papier sulfurisé. Enfourner et faire cuire 5 minutes.

Mettre la préparation au chocolat dans une poche à douille.

Assembler les mille-feuilles : superposer les rectangles de feuilles de brick deux par deux. À l'aide de la poche à douille, déposer la préparation au chocolat à l'intérieur de chaque côté des rectangles. Intercaler la moitié des SMARTIES® et ajouter la moitié des framboises au centre des rectangles. Répéter l'opération. Terminer en superposant 2 rectangles de feuilles de brick. Décorer avec un peu de chocolat, des SMARTIES® et quelques framboises.

paris-brest revisité

Pour **4 personnes**
Préparation **40 minutes**
Cuisson **30 minutes**
Réfrigération **1 heure**

Pour la pâte à choux
90 g de **beurre** coupé en morceaux
2 c. à s. de **sucre en poudre**
200 g de **farine**
4 **œufs**
30 g de **noisettes** concassées
1 pincée de **sel**

Pour la crème à la noisette
5 **jaunes d'œuf**
150 g de **sucre en poudre**
150 g de **beurre**
100 g de **poudre de noisettes**
30 g de **SMARTIES®**
30 g de **SMARTIES® Mini**
sucre glace

Préchauffer le four à 200 °C.

Préparer la pâte à choux : dans une casserole, faire chauffer 20 cl d'eau avec le sel, le beurre et le sucre. Bien mélanger. Hors du feu, verser la farine et bien remuer. Remettre à chauffer à feu doux quelques minutes, sans cesser de mélanger, jusqu'à ce que la pâte se décolle des bords. Ajouter les œufs et mélanger doucement.

Garnir une poche à douille de pâte. Sur la plaque du four préalablement garnie de papier sulfurisé, réaliser des cercles de pâte de 10 cm de diamètre. Parsemer de noisettes concassées. Enfourner et faire cuire 25 minutes.

Préparer la crème à la noisette : dans une casserole, faire chauffer le sucre dans 2 cl d'eau et porter à ébullition. Mettre hors du feu. Battre les jaunes d'œuf et les incorporer délicatement au sucre fondu, sans cesser de fouetter, jusqu'à ce que le mélange refroidisse. Ajouter le beurre et la poudre de noisettes. Bien mélanger jusqu'à ce que la préparation soit homogène. Garnir une poche à douille de crème à la noisette et réserver 1 heure au réfrigérateur.

Garnir l'intérieur de la moitié des choux de crème à la noisette. Parsemer de SMARTIES® et de SMARTIES® Mini, puis refermer avec les cercles de pâte restants. Saupoudrer de sucre glace et décorer de quelques SMARTIES® et SMARTIES® Mini.

cake au chocolat & aux SMARTIES®

Pour **4 personnes**
Préparation **15 minutes**
Cuisson **30 minutes**

50 g de **SMARTIES®**
250 g de **chocolat noir**
3 **œufs**
130 g de **sucre en poudre**
80 g de **farine**
70 g de **Fleur de Maïs Maïzena®**
1 c. à c. de **bicarbonate de soude**
½ sachet de **levure chimique**
40 g de **poudre de noisettes**
150 g de **beurre** ramolli
10 cl de **lait**
80 g de **SMARTIES® Mini**
1 pincée de **sel**
beurre pour le moule

Préchauffer le four à 180 °C.

Dans le bol d'un mixeur, mettre les SMARTIES®. Mixer jusqu'à obtenir une poudre fine.

Faire fondre le chocolat au bain-marie. Ajouter la poudre de SMARTIES® et bien mélanger.

Dans un saladier, battre les œufs avec le sucre jusqu'à ce que le mélange blanchisse. Ajouter petit à petit la farine, la Maïzena®, le bicarbonate, la levure, la poudre de noisettes, le sel puis le beurre ramolli, coupé en petits cubes. Détendre avec le lait et bien mélanger. Terminer en versant le chocolat fondu et remuer.

Verser la pâte dans un moule à cake préalablement beurré et fariné. Enfourner et faire cuire 30 minutes. Lorsque le cake a refroidi, le découper en parts et ajouter quelques SMARTIES® Mini pour lui donner un croustillant.

champignons multicolores

Pour **4 personnes**
Préparation **15 minutes**
Cuisson **2 heures**

2 **blancs d'œufs**
70 g de **sucre en poudre**
70 g de **sucre glace**
4 carrés de **chocolat noir**
20 g de **SMARTIES® Mini**

Monter les blancs d'œuf en neige. Lorsqu'ils commencent à monter, ajouter le sucre en poudre en pluie fine. Continuer de battre jusqu'à ce que les blancs soient bien fermes. Ajouter le sucre glace à l'aide d'une spatule et mélanger doucement.

Préchauffer le four à 100 °C.

Garnir une poche à douille de meringue. Sur la plaque du four préalablement garnie de papier sulfurisé, déposer 10 ronds d'environ 5 cm de large bien espacés. Déposer ensuite 10 petits boudins en hauteur, en gardant la poche à douille bien droite pour former le pied du champignon. Enfourner et faire cuire 2 heures.

Faire fondre le chocolat au bain-marie. Décoller doucement les meringues. Assembler les champignons et décorer de SMARTIES® Mini le haut du champignon à l'aide du chocolat fondu.

glace aux SMARTIES®

Pour **4 personnes**
Préparation **15 minutes**
Cuisson **5 minutes**
Congélation **4 heures**

2 **œufs**
5 cl de **lait**
1 **gousse de vanille**
50 g de **sucre en poudre**
30 **SMARTIES®**
+ pour la décoration

Séparer les blancs des jaunes d'œufs.

Dans une casserole, faire tiédir le lait avec la gousse de vanille fendue en deux et grattée.

Dans un bol, fouetter les jaunes d'œufs et le sucre. Faire cuire le mélange au bain-marie, augmenter le feu et, sans cesser de remuer, ajouter petit à petit le lait. Continuer de mélanger jusqu'à ce que la crème épaississe. Hors du feu, ajouter les SMARTIES®.

Monter les blancs d'œuf en neige puis les incorporer délicatement à la crème.

Répartir le mélange dans 4 petits pots et réserver 4 heures au congélateur. Au bout de 1 heure, ajouter un petit bâtonnet en bois dans chaque glace. Au moment de servir, décorer de quelques SMARTIES®.

cookies SMARTIES®

Pour **4 personnes**
Préparation **10 minutes**
Cuisson **15 minutes**

200 g de **sucre roux**
1 sachet de **sucre vanillé**
180 g de **farine**
120 g de **Fleur de Maïs Maïzena®**
80 g de **poudre d'amandes**
½ sachet de **levure chimique**
2 **œufs**
100 g de **beurre** ramolli
1 pincée de **sel**
1 boîte de **SMARTIES® Mini**

Préchauffer le four à 200 °C.

Dans un bol, mélanger les sucres, la farine, la Maïzena®, la poudre d'amandes, la levure et le sel. Ajouter les œufs, puis le beurre. Travailler pour obtenir une boule de pâte.

Sur la plaque du four garnie préalablement de papier sulfurisé, déposer des petites boules de pâte en laissant un bon espace entre chacune d'elles. Enfourner et faire cuire 15 minutes.

À la sortie du four, enfoncer quelques SMARTIES® Mini sur chaque cookie puis laisser refroidir complètement.

Smarties
mini

sablés à la noisette

Pour **15 sablés**
Préparation **30 minutes**
Cuisson **10 minutes**
Réfrigération **4 heures**

Pour les sablés
1 **œuf**
50 g de **sucre roux**
1 c. à s. de **cannelle** moulue
50 g de **noisettes** hachées
250 g de **farine**
50 g de **beurre demi-sel** coupé en morceaux

Pour la ganache
15 g de **SMARTIES®**
250 g de **chocolat noir**
5 **œufs**
SMARTIES® Mini pour la décoration

Préchauffer le four à 180 °C.

Préparer les sablés : battre l'œuf avec le sucre roux. Ajouter la cannelle, les noisettes hachées et la farine puis le beurre et travailler pour obtenir une boule de pâte.

Étaler la pâte sur un plan de travail fariné à l'aide d'un rouleau à pâtisserie. Découper des ronds de pâte avec un emporte-pièce. Les piquer avec une fourchette puis les déposer sur la plaque du four préalablement garnie de papier sulfurisé. Enfourner et faire cuire 10 minutes. Laisser refroidir.

Préparer la ganache : dans le bol d'un mixeur, mettre les SMARTIES®. Mixer afin d'obtenir une poudre fine. Faire fondre le chocolat au bain-marie puis mélanger avec la poudre de SMARTIES®.

Séparer les blancs des jaunes d'œuf. Mélanger les jaunes au chocolat fondu et bien remuer. Battre les blancs en neige. Les incorporer au chocolat très délicatement. Réserver 4 heures au réfrigérateur.

Garnir une poche à douille de ganache et en recouvrir chaque sablé. Parsemer de SMARTIES® Mini.

sunday aux SMARTIES®

Pour **1 l de glace**
Préparation **10 minutes**
Congélation **4 heures**

50 g de **sucre en poudre**
30 cl de **crème fleurette**
25 cl de **lait**
quelques gouttes d'**extrait de vanille**
1 tube de **SMARTIES®**
SMARTIES® Mini pour la décoration

Mélanger tous les ingrédients à l'exception des SMARTIES®. Battre à l'aide d'un fouet jusqu'à ce que le mélange soit mousseux. Ajouter les SMARTIES® et mélanger délicatement.

Réserver la préparation 4 heures au congélateur en remuant toutes les heures le mélange jusqu'à obtenir une consistance crémeuse.

Servir dans des petits pots et parsemer de SMARTIES® Mini.

chantilly colorée

Pour **4 personnes**
Préparation **5 minutes**
Réfrigération **2 heures**

50 cl de **crème liquide**
30 g de **sucre glace**
colorants alimentaires
1 boîte de **SMARTIES® Mini**

Mélanger la crème liquide avec le sucre glace.

Diviser le mélange dans 2 bols puis ajouter un colorant différent dans chacun d'eux. Répartir dans 2 siphons différents.

Placer les cartouches de gaz dans les siphons, bien secouer et réserver 2 heures au réfrigérateur en position horizontale. Parsemer de SMARTIES® Mini au fur et à mesure du service de la chantilly.

Chamallows®

kit mini doughnuts aux CHAMALLOWS®

3 **CHAMALLOWS®**, 5 g de **beurre**, 5 cl de **lait**, 1 **œuf** battu, 1 c. à s. d'**huile de tournesol**, 1 c. à s. de **lait**, ½ c. à c. d'**extrait de vanille**, 1 c. à s. de **compote de poire**, 75 g de **farine**, 40 g de **sucre en poudre**, ½ c. à c. de **levure chimique**, une pincée de **sel**

Couper les CHAMALLOWS® en petits morceaux et les faire fondre avec le lait dans une casserole à feu doux. Battre l'œuf avec l'huile, le lait, l'extrait de vanille, la compote de poire et les CHAMALLOWS® fondus. Ajouter le reste des ingrédients et mélanger. Verser dans des moules beurrés et faire cuire au four à 175 °C 13 à 17 minutes. Les tremper dans les glaçages et les laisser sécher. Les saupoudrer de vermicelles.

glaçage au café

2 c. à c. de **lait**, 2 c. à c. de **café soluble**, 20 g de **beurre**, 140 g de **sucre glace**, ½ c. à c. d'**extrait de vanille**

Chauffer le lait avec le café. Ajouter le reste des ingrédients et bien mélanger.

glaçage au chocolat

100 g de **chocolat noir**, 20 g de **beurre**, 100 g de **sucre glace**, ½ c. à c. d'**extrait de vanille**

Faire fondre le chocolat et le beurre au bain-marie. Mélanger et laisser refroidir. Ajouter le sucre et l'extrait de vanille puis mélanger.

glaçage à la framboise

140 g de **sucre glace**, 2 c. à c. de **jus de citron**, 8 **framboises** écrasées

Mélanger tous les ingrédients à la fourchette.

glaçage au sucre glace coloré

140 g de **sucre glace**, 4 c. à c. de **jus de citron**, **colorant alimentaire**

Mélanger tous les ingrédients à la fourchette.

mousse chocolat blanc & CHAMALLOWS®

Pour **4 personnes**
Préparation **20 minutes**
Cuisson **10 minutes**
Repos **1 heure**

4 **CHAMALLOWS®**
15 cl de **crème liquide**
100 g de **chocolat blanc**
2 **blancs d'œuf**
1 c. à c. de **marsala**
quelques **framboises**

Dans une casserole, faire fondre à feu doux les CHAMALLOWS® dans 2 cuillerées à soupe d'eau, tout en mélangeant. Réserver.

Monter la crème liquide bien froide en chantilly.

Hacher le chocolat blanc en petits morceaux. Le faire fondre dans un bol au bain-marie à feu très doux. Mélanger avec une cuillère en bois. Réserver.

Battre les blancs d'œuf en neige ferme avec une pincée de sel.

Mélanger la crème Chantilly avec le marsala et la fondue de CHAMALLOWS® puis le chocolat blanc fondu. Incorporer délicatement les blancs en neige à l'aide d'une spatule en bois.

Verser dans 4 petits bols et réserver au réfrigérateur 1 heure minimum. Au moment de servir, décorer de framboises fraîches.

vacherin coco, bananes, fruits de la passion aux CHAMALLOWS®

Pour **4 personnes**
Préparation **20 minutes**
Cuisson **3 heures**

8 **CHAMALLOWS®**
3 **blancs d'œuf**
150 g de **sucre cristal**
80 g de **sucre glace**
40 cl de **crème liquide**
1 c. à c. d'**extrait de vanille**
3 **bananes** très mûres
le **jus** de 1 **citron**
4 boules de **glace à la noix de coco**
4 **fruits de la passion**

Préchauffer le four à 90 °C. Monter les blancs d'œuf en neige. Quand ils commencent à bien prendre, ajouter le sucre cristal et continuer de battre. Verser la moitié du sucre glace tamisé.

Verser dans une poche à douille et faire des jolies spirales sur une plaque recouverte de papier cuisson.

Enfourner 3 heures. Surveiller régulièrement. À la fin de la cuisson, réserver dans le four avec la porte entrouverte.

Dans une casserole, faire fondre les CHAMALLOWS® à feu doux. Réserver.

Monter la crème liquide en chantilly bien ferme. Ajouter le reste de sucre glace, l'extrait de vanille et les CHAMALLOWS® fondus. Mélanger délicatement.

Concasser grossièrement les meringues. Couper les bananes en rondelles et les arroser de jus de citron pour éviter qu'elles noircissent.

Dans 4 verres, répartir la chantilly, les meringues et les rondelles de banane. Ajouter 1 boule de glace à la noix de coco dans chaque verre. Mélanger délicatement. Décorer de la pulpe des fruits de la passion.

brownie framboises & crème de CHAMALLOWS®

Pour **6 personnes**
Préparation **10 minutes**
Cuisson **30 minutes**

6 **CHAMALLOWS®**
10 cl de **crème liquide**
75 g de **fromage frais**
4 **œufs**
100 g de **farine**
170 g de **chocolat au lait**
125 g de **beurre**
140 g de **sucre en poudre**
une pincée de **piment d'Espelette**
une grosse poignée de **framboises**

Couper les CHAMALLOWS® en quatre et les faire fondre dans une casserole à feu doux avec la crème liquide. Réserver.

Une fois le mélange refroidi, incorporer le fromage frais puis 1 œuf et 1 cuillerée à soupe de farine. Bien mélanger pour qu'il n'y ait pas de grumeaux.

Faire fondre le chocolat et le beurre au bain-marie. Mélanger de temps en temps avec une cuillère en bois puis réserver.

Battre le reste des œufs avec le sucre jusqu'à ce que le mélange blanchisse. Ajouter le chocolat fondu et le piment d'Espelette. Mélanger délicatement puis ajouter la farine tamisée. Préchauffer le four à 180 °C.

Verser la préparation dans un moule beurré et recouvert de papier cuisson. Ajouter les framboises et recouvrir la pâte avec la crème de CHAMALLOWS® en différents endroits. Enfourner et faire cuire 25 à 30 minutes. Vérifier la cuisson avec la lame d'un couteau. Laisser refroidir sur la plaque du four. Coupez le brownie en petits carrés et servez accompagné de framboises fraîches.

pâte à tartiner aux CHAMALLOWS®

Pour **1 pot**
Préparation **20 minutes**
Cuisson **10 minutes**

20 **CHAMALLOWS®**
3 **blancs d'œuf**
2 dl de **sirop de maïs**
120 g de **sucre en poudre**
colorant rose (facultatif)

Dans le bol d'un robot, battre les blancs d'œufs avec le sirop de maïs à l'aide d'un mixeur. Le mélange doit être onctueux et brillant.

Couper les CHAMALLOWS® en petits morceaux.

Dans une casserole, porter à ébullition les CHAMALLOWS® avec le sucre et 10 cl d'eau. Porter le mélange à 114 °C à l'aide d'un thermomètre à sucre puis réserver hors du feu.

Verser le caramel en filet dans le bol du robot avec les blancs d'œuf. Continuer de battre jusqu'à ce que la pâte à tartiner refroidisse. Ajouter 3 gouttes de colorant rose et bien mélanger. Verser dans un pot à confiture. Conserver au réfrigérateur.

sirop de rhubarbe maison aux CHAMALLOWS®

Pour ½ l
Préparation **5 minutes**
Cuisson **20 minutes**

10 **CHAMALLOWS®**
1 kg de **rhubarbe**
le **jus** de 1 **citron**
500 g de **sucre de canne**

Dans une casserole, faire fondre les CHAMALLOWS® dans 3 cuillerées à soupe d'eau, à feu doux, tout en mélangeant. Réserver.

Couper la rhubarbe en petits morceaux.

Dans une autre casserole, faire chauffer la rhubarbe, les CHAMALLOWS® fondus et 75 cl d'eau à feu moyen pendant 10 à 15 minutes. Filtrer pour récupérer le jus.

Faire chauffer le jus filtré avec le sucre et le jus de citron. Porter à ébullition et retirer au fur et à mesure l'écume blanche qui se forme à la surface. Lorsque le sirop est bien clair, mettre hors du feu et réserver.

Verser le sirop dans une bouteille et conserver au réfrigérateur.

wedding cake & CHAMALLOWS®

Pour **8 personnes**
Préparation **20 minutes**
Cuisson **25 minutes**

10 **CHAMALLOWS®**
170 g de **farine**
½ c. à c. de **levure chimique**
une pincée de **sel**
35 g de **noix de coco** râpée
2 **bananes**
½ **yaourt nature**
25 ml de **lait**
½ c. à c. d'**extrait de vanille**
80 g de **beurre**
90 g de **sucre en poudre**
1 **œuf**
pâte à sucre blanche

Dans un bol, mélanger la farine et la levure chimique avec le sel et la noix de coco râpée.

Hacher les bananes. Les mélanger avec le yaourt, le lait et l'extrait de vanille.

Dans un bol, battre le beurre et le sucre jusqu'à ce que le mélange blanchisse. Ajouter l'œuf et continuer de battre. Ajouter les bananes hachées puis la farine.

Préchauffer le four à 180 °C. Beurrer 3 moules ronds de tailles différentes. Y répartir la préparation. Enfourner 25 minutes. Laisser refroidir sur une plaque.

Retirer la croûte de chaque gâteau.

À l'aide d'un rouleau à pâtisserie, étaler la pâte à sucre blanche sur une épaisseur de 0,5 à 1 cm. Envelopper chaque gâteau de cette pâte.

Découper les CHAMALLOWS® en tout petits morceaux.

Assembler le wedding cake et décorer de morceaux de CHAMALLOWS®.

fudge au chocolat blanc & aux CHAMALLOWS®

Pour **6 personnes**
Préparation **15 minutes**
Cuisson **10 minutes**
Repos **3 heures**

18 **CHAMALLOWS®**
120 ml de **crème liquide**
120 g de **sucre en poudre**
une pincée de **sel**
10 g de **beurre**
1 c. à c. d'**extrait de vanille**
160 g de **chocolat blanc**
+ un peu pour la décoration
80 g de **cacahuètes**
huile

Dans une casserole, verser la crème liquide, les CHAMALLOWS®, le sucre et une pincée de sel. Porter à ébullition en remuant sans cesse avec une cuillère en bois. Porter le mélange à 114 °C en vous aidant d'un thermomètre à sucre. Ajouter le beurre et l'extrait de vanille. Bien mélanger.

Hacher le chocolat blanc et l'ajouter avec les cacahuètes à la préparation. Bien mélanger.

Recouvrir un plat rectangulaire de papier cuisson huilé des deux côtés. Verser la préparation. Décorer de petits éclats de chocolat blanc. Laisser durcir 3 heures à température ambiante puis découper le fudge en petits carrés.

tablette chocolat blanc & CHAMALLOWS®

Pour **1 tablette**
Préparation **10 minutes**
Cuisson **5 minutes**
Repos **4 heures**

2 **CHAMALLOWS®**
150 g de **chocolat blanc**

Couper les CHAMALLOWS® en petits morceaux.

Hacher le chocolat blanc.

Faire fondre le chocolat au bain-marie. Bien mélanger et réserver.

Mettre les morceaux de CHAMALLOWS® dans un moule à chocolat puis y verser le chocolat blanc fondu. Laisser durcir quelques heures à température ambiante avant de démouler. Conserver 2 semaines dans une boîte hermétique.

milk-shake à la fraise & CHAMALLOWS®

Pour **4 verres**
Préparation **5 minutes**
Cuisson **5 minutes**

10 **CHAMALLOWS®**
40 cl de **lait** + 2 c. à s.
1 douzaine de **fraises**

Dans une casserole, faire fondre les CHAMALLOWS® dans 2 cuillerées à soupe de lait, à feu doux, tout en mélangeant. Réserver.

Équeuter et couper les fraises en quatre. Les mettre dans le bol d'un mixeur, ajouter le lait et les CHAMALLOWS® fondus puis mixer finement. Verser dans 4 verres.

L'Authentique

Petit Ourson

Guimauve

kit glaces

glace choco-ourson

1 **PETIT OURSON GUIMAUVE CEMOI**, 2 boules de **glace au chocolat**

Faire fondre un PETIT OURSON GUIMAUVE® au four à micro-ondes.

Dans un bol, mettre 2 boules de glace au chocolat et verser dessus le PETIT OURSON GUIMAUVE® fondu.

glace pistache, caramel au beurre salé

2 **PETITS OURSONS GUIMAUVE CEMOI**, 2 boules de **glace à la pistache**

Couper 2 PETITS OURSONS GUIMAUVE en petits morceaux.

Dans un bol, mettre 2 boules de glace à la pistache, recouvrir de caramel au beurre salé fondu et parsemer de petits morceaux d'oursons.

glace vanille, caramel

2 **PETITS OURSONS GUIMAUVE CEMOI**, 1 boule de **glace à la vanille**, 1 boule de **glace au caramel**

Couper 2 PETITS OURSONS GUIMAUVE en petits morceaux.

Dans un bol, mettre 1 boule de glace à la vanille, 1 boule de glace au caramel et parsemer de petits morceaux d'oursons.

sorbet framboise

2 **PETITES OURSONNES GUIMAUVE CEMOI**, 2 boules de **sorbet à la framboise**

Couper 2 PETITES OURSONNES GUIMAUVE en petits morceaux.

Dans un bol, mettre 2 boules de sorbet à la framboise et parsemer de petits morceaux d'oursonnes.

petites crèmes au chocolat

Pour **4 personnes**
Préparation **10 minutes**
Cuisson **7 minutes**
Repos **2 heures**

150 g de **chocolat à 70 %**
15 cl de **crème fraîche** liquide
4 **PETITS OURSONS GUIMAUVE CEMOI**
+ 4 pour le décor

Râper le chocolat puis le faire fondre au four à micro-ondes.

Dans une casserole, faire chauffer la crème liquide puis ajouter le chocolat fondu et bien mélanger.

Faire fondre 4 PETITS OURSONS GUIMAUVE au four à micro-ondes. Les ajouter à la crème. Bien mélanger.

Verser dans 4 ramequins et réserver 2 heures au réfrigérateur. Servir, accompagné de PETITS OURSONS GUIMAUVE.

brioches grillées au PETIT OURSON GUIMAUVE®

Pour **4 personnes**
Préparation **10 minutes**
Cuisson **5 minutes**

8 tranches de **brioche**
75 g de **beurre demi-sel**
8 **PETITS OURSONS GUIMAUVE CEMOI**

Faire toaster les tranches de brioche.

Les tartiner de beurre. Préchauffer le four à 200 °C.

Poser 2 PETITS OURSONS GUIMAUVE sur chaque tranche de brioche toastée puis enfourner. Laisser cuire quelques minutes sous le gril du four jusqu'à ce que les oursons soient fondus. Servir aussitôt.

terrine chocolat & pop-corn

Pour **4 personnes**
Préparation **20 minutes**
Cuisson **10 minutes**
Repos **4 heures**

2 c. à s. de **maïs à pop-corn**
250 g de **chocolat noir**
15 cl de **crème liquide**
50 g de **beurre fondu**
2 **œufs**
4 **PETITS OURSONS GUIMAUVE CEMOI** + pour le décor

Mettre le maïs dans un saladier couvert et le faire éclater au four à micro-ondes.

Casser le chocolat en petits morceaux dans un saladier. Faire bouillir la crème liquide et la verser sur le chocolat. Mélanger pour le faire fondre. Ajouter le beurre et les œufs, bien mélanger l'ensemble.

Dans cette pâte au chocolat, couper les PETITS OURSONS GUIMAUVE en petits morceaux et ajouter le pop-corn. Mélanger l'ensemble.

Garnir un moule à cake de film alimentaire. Verser la préparation. Recouvrir de film alimentaire et réserver au frais pendant 4 heures. Au moment de servir, démouler la terrine et recouvrir le dessus de PETITS OURSONS GUIMAUVE.

barre chocolatée

Pour **8 barres**
Préparation **20 minutes**
Cuisson **1 minute**
Repos **12 heures**

- 150 g de **chocolat noir**
- 15 cl de **crème liquide**
- 8 **PETITS OURSONS GUIMAUVE CEMOI**
- 100 g de **flocons d'avoine**
- 50 g de **raisins blonds**
- 50 g de **pistaches**
- 50 g de **noisettes concassées**

Faire fondre le chocolat noir au four à micro-ondes et le mélanger ensuite avec la crème liquide.

Couper les PETITS OURSONS GUIMAUVE en petits dés et les mélanger aux céréales et aux fruits secs.

Verser le chocolat dans 8 petits emporte-pièces rectangulaires jusqu'à mi-hauteur. Répartir ensuite par-dessus le mélange aux céréales et aux fruits secs. Les enfoncer légèrement dans le chocolat. Réserver 12 heures au réfrigérateur.

fudge

Pour **4 personnes**
Préparation **20 minutes**
Cuisson **20 minutes**
Repos **12 heures**

15 cl de **lait**
300 g de **sucre** en poudre
15 cl de **crème fraîche**
8 **PETITS OURSONS GUIMAUVE CEMOI**

Faire chauffer le lait, le sucre et la crème fraîche.

Laisser bouillir à feu doux, sans cesser de remuer, pendant 10 minutes. Mettre ensuite la casserole dans un bain-marie d'eau froide, sans cesser de remuer, pendant 5 minutes.

Verser le fudge dans un plat garni d'un film étirable.

Réserver 12 heures au réfrigérateur. Démouler le fudge et le couper en petits carrés. Couper les PETITS OURSONS GUIMAUVE en petits morceaux et les disposer sur chaque carré de fudge.

brownies

Pour **10 brownies**
Préparation **15 minutes**
Cuisson **30 minutes**

200 g de **chocolat noir**
150 g de **beurre**
50 g de **noisettes**
6 **PETITS OURSONS GUIMAUVE CEMOI**
4 œufs
150 g de **cassonade**
100 g de **farine**
½ sachet de **levure chimique**
quelques **noix de pécan**

Préchauffer le four à 180 °C. Faire fondre le chocolat et le beurre au four à micro-ondes puis laisser tiédir. Faire griller les noisettes dans une poêle antiadhésive puis les mixer grossièrement.

Couper 3 PETITS OURSONS GUIMAUVE en trois.

Incorporer les œufs, un à un, dans le chocolat fondu puis ajouter le sucre, la farine et la levure. Ajouter enfin les noisettes, les noix de pécan et les morceaux d'oursons. Bien mélanger.

Garnir un plat à gratin de papier cuisson puis y verser la préparation. Enfourner et laisser cuire 30 minutes. À mi-cuisson, poser 3 PETITS OURSONS GUIMAUVE sur le dessus. Laisser refroidir avant de démouler puis couper le brownie en petits carrés.

charlotte à la crème de marrons

Pour **4 personnes**
Préparation **25 minutes**
Cuisson **5 minutes**
Repos **4 heures**

3 feuilles de **gélatine**
10 cl de **crème liquide**
1 boîte de **crème de marrons**
6 petites **meringues**
24 **PETITS OURSONS GUIMAUVE CEMOI**

Faire tremper les feuilles de gélatine dans de l'eau froide pour les ramollir.

Faire chauffer la crème liquide à feu doux. Y Ajouter les feuilles de gélatine essorées entre la paume des mains. Mélanger puis ajouter la crème de marrons.

Tapisser 4 moules à charlotte individuels de film alimentaire. Verser la préparation puis enfoncer des petits morceaux de meringue émiettée. Couvrir de film alimentaire et réserver 4 heures au réfrigérateur.

Démouler les charlottes sur des assiettes et tapisser le pourtour de PETITS OURSONS GUIMAUVE en les faisant maintenir à la charlotte avec un peu de crème de marrons.

panna cotta

Pour **4 personnes**
Préparation **15 minutes**
Cuisson **5 minutes**
Repos **2 heures**

1 **citron**
5 feuilles de **gélatine**
50 cl de **crème liquide**
50 g de **sucre en poudre**
4 **PETITS OURSONS GUIMAUVE CEMOI** + 4 pour le décor

Zester le citron.

Faire tremper les feuilles de gélatine dans de l'eau froide pour les ramollir.

Dans une casserole, porter à ébullition la crème liquide avec le sucre. Ajouter le zeste de citron.

Essorer les feuilles de gélatine entre la paume des mains puis les ajouter à la crème et bien mélanger. Laisser reposer 5 minutes.

Faire fondre les PETITS OURSONS GUIMAUVE au four à micro-ondes. Les ajouter à la crème. Bien mélanger.

Verser la préparation dans 4 ramequins et réserver 2 heures au réfrigérateur. Démouler les panna cotta sur des petites assiettes et décorer de PETITS OURSONS GUIMAUVE.

cupcakes chocolat au PETIT OURSON GUIMAUVE®

Pour **12 cupcakes**
Préparation **10 minutes**
Cuisson **25 minutes**

100 g de **chocolat noir à 70 %**
150 g de **beurre mou**
200 g de **sucre en poudre**
4 **œufs**
90 g de **farine**
½ sachet de **levure chimique**
12 **PETITS OURSONS GUIMAUVE CEMOI**

Dans une casserole, faire fondre le chocolat avec le beurre et le sucre à feu doux, en mélangeant sans cesse.

Hors du feu, en fouettant régulièrement, ajouter les œufs un à un. Verser la farine et la levure en pluie. Bien mélanger.

Préchauffer le four à 180 °C. Verser la préparation dans des moules à muffins. Enfourner et faire cuire 25 minutes. Vérifier la cuisson en enfoncant la pointe d'un couteau : si elle ressort sèche, le gâteau est cuit, sinon, continuer encore quelques minutes. Laisser refroidir avant de démouler.

Faire fondre au four à micro-ondes les PETITS OURSONS GUIMAUVE. Recouvrir chaque cupcake de PETITS OURSONS GUIMAUVE fondus.

CRÈME
DEPUIS 1882
CHESTNUT SPREAD

DEPUIS 1882
POIDS NET : 500g

CRÈME DE MARRONS

Clément Faugier

PRIVAS FRANCE

DE L'ARDÈCHE®

kit crèmes & sauces

chantilly à la crème de marrons

Pour **20 cl de chantilly**

60 g de **sucre glace**
1 sachet de **Cremfix®** (facultatif)
1 grosse c. à s. de **crème de marrons Clément Faugier**
20 cl de **crème liquide** bien froide

Détendre la crème de marrons en la fouettant à l'aide d'une fourchette. Fouetter la crème liquide bien froide avec le sucre glace. Lorsque la chantilly a pris, ajouter le sachet de Cremfix® et la crème de marrons. Continuer de battre jusqu'à ce que l'ensemble soit homogène, puis réserver au réfrigérateur.

ganache à la crème de marrons

Pour **400 g de ganache**

200 g de **chocolat noir**
125 g de **crème fleurette**
4 c. à s. de **crème de marrons Clément Faugier**

Faire chauffer la crème dans une casserole. Hors du feu, ajouter le chocolat, coupé en petits morceaux, puis la crème de marrons. Mélanger jusqu'à ce que l'ensemble soit parfaitement homogène et laisser refroidir. Réserver au réfrigérateur jusqu'au service.

crème anglaise au marron

Pour **20 cl de crème**

20 cl de **crème anglaise**
1 grosse c. à s. de **crème de marrons Clément Faugier**

Délayer la crème de marrons dans la crème anglaise jusqu'à l'obtention d'un mélange homogène. Réserver au réfrigérateur jusqu'au service.

DEMANDEZ LES NOUVELLES RECETTES DE "MARONO" CONTRE 3 TIMBRES POSTE "SERVICE RAPIDE"
http://www.clement-faugier.fr
clement faugier
DEMANDEZ LES NOUVELLES RECETTES DE "MARONO" CONTRE 3 TIMBRES POSTE "SERVICE RAPIDE"
http://www.clement-faugier.fr
clement faugier

marbré poire-marron

Pour **6 personnes**
Préparation **30 minutes**
Cuisson **45 minutes**

200 g de **beurre**
4 **œufs**, blancs et jaunes séparés
200 g de **sucre**
4 g de **sel**
200 g de **farine** tamisée
2 sachets de **sucre vanillé**
15 g de **cacao en poudre**
30 g de **crème de marrons Clément Faugier**
2 **poires** mûres
beurre pour le moule

Préchauffer le four à 180 °C. Beurrer un moule à cake ou à manqué.

Faire fondre le beurre. Éplucher les poires et les couper en gros dés.

Fouetter les jaunes avec le sucre jusqu'à ce que le mélange blanchisse. Incorporer la farine et le beurre fondu.

Monter les blancs en neige bien ferme avec le sel, puis incorporer les sachets de sucre vanillé, en continuant de fouetter.

Mélanger les blancs en neige et la préparation précédente à l'aide d'une cuillère en bois. Répartir l'ensemble dans deux grands bols ; ajouter la crème de marrons et le cacao en poudre dans l'un et les dés de poire dans l'autre.

Verser les deux pâtes dans le moule, en alternant les couches. Enfourner et laisser cuire pendant 45 minutes.

brioche perdue à la crème de marrons

Pour **4 personnes**
Préparation **10 minutes**
Cuisson **5 minutes**

8 tranches de **brioche** rassie
2 **œufs**
30 g de **beurre**
2 c. à s. de **miel liquide**
20 cl de **lait entier**
4 c. à s. de **crème de marrons Clément Faugier**
2 ou 3 c. à s. de **sucre glace**
2 ou 3 c. à s. de **graines de sésame**

Casser les œufs dans une assiette creuse et les battre en omelette avec le lait et le miel liquide.

Faire chauffer le beurre dans une poêle. Plonger les tranches de brioche une à une dans le mélange aux œufs et les faire dorer des deux côtés.

Tartiner quatre tranches de crème de marrons et les recouvrir des autres tranches, comme pour faire des sandwichs. Les saupoudrer de sucre glace et de graines de sésame, les couper en biais et servir aussitôt.

Clément Faugier
CRÈME
DEPUIS 1882
CHESTNUT SPREAD
PRODUCT OF FRANCE
POIDS NET : 78g
NET WEIGHT : 2 3/4 oz
FABRICATION FRANÇAISE
30/04/2015
recycle
100% recycled

verrines toutes blanches

Pour **4 personnes**
Préparation **10 minutes**
Réfrigération **30 minutes**

1 grosse **meringue** + 12 petites
200 g de **crème de marrons Clément Faugier**
30 cl de **crème fraîche** très froide
150 g de **fromage blanc** ou de **mascarpone**
50 g de **sucre glace**
1 c. à c. d'**huile de noisette**
1 sachet de **Cremfix®**
vermicelles de chocolat pour le décor

Émietter très grossièrement la grosse meringue de manière à obtenir de gros morceaux.

Fouetter le fromage blanc et la crème de marrons ensemble pour les assouplir.

Fouetter la crème très froide en chantilly, en incorporant le sucre et le Cremfix® à mi-course. Incorporer alors la préparation à la crème de marrons, en mélangeant doucement.

Déposer une couche de crème fouettée au marron dans le fond de quatre verrines. Ajouter quelques gouttes d'huile de noisette et répartir les morceaux de meringue, puis recouvrir du reste de crème de marrons. Réserver pendant 30 minutes au réfrigérateur.

Décorer de petites meringues et de vermicelles de chocolat juste avant de servir.

mousse au chocolat blanc

Pour **4-6 personnes**
Préparation **15 minutes**
Cuisson **3 minutes**
Réfrigération **2 à 3 heures**

200 g de **chocolat blanc**
4 **œufs**
20 cl de **crème fleurette** bien froide
150 g de **crème de marrons Clément Faugier**
vermicelles de chocolat blanc ou billes de sucre

Casser le chocolat blanc en petits morceaux.

Faire chauffer la moitié de la crème fleurette dans une casserole à feu très doux. Lorsqu'elle est chaude mais non bouillante, ajouter le chocolat blanc et le laisser fondre en mélangeant doucement. Retirer du feu et réserver.

Casser les œufs en séparant les jaunes des blancs.

Lorsque le mélange au chocolat blanc est refroidi, ajouter les jaunes d'œuf et la crème de marrons. Mélanger jusqu'à ce que la préparation soit lisse.

Monter les blancs d'œuf en neige bien ferme. Fouetter le reste de la crème fleurette en chantilly. Mélanger intimement les blancs en neige à la préparation au chocolat blanc, puis ajouter la chantilly.

Répartir la mousse obtenue dans des petits bols ou des verres et réserver au réfrigérateur pendant 2 à 3 heures.

Décorer avec des vermicelles de chocolat blanc ou des billes de sucre juste avant de servir.

trifles choco-marron

Pour **4 personnes**
Préparation **10 minutes**

20 **biscuits sablés** type Granola®
250 g de **crème de marrons Clément Faugier**
2 grosses c. à s. de **crème fraîche** épaisse
20 cl de **crème liquide** entière (ou de **chantilly à la crème de marrons**, voir page 112)
50 g de **sucre glace**

Pour la ganache
250 ml de **crème fleurette**
200 g de **chocolat noir**
sucre coloré ou **vermicelles de chocolat** pour le décor

Préparer la ganache : dans une casserole, porter doucement la crème fleurette à ébullition. Pendant ce temps, détailler le chocolat en fins copeaux à l'aide d'un couteau. Les déposer dans un bol, puis verser la crème chaude dessus. Mélanger sans arrêt au fouet ou à la fourchette afin d'obtenir une ganache bien lisse. Laisser refroidir.

Fouetter la crème liquide bien froide avec le sucre glace jusqu'à obtenir une chantilly bien ferme. Écraser grossièrement les biscuits.

Mélanger la crème de marrons et la crème fraîche épaisse.

Verser un peu de ganache au chocolat au fond de verres ou de coupes, puis disposer des biscuits émiettés par-dessus. Ajouter un peu de ganache, 2 cuillerées à soupe de crème de marrons et de nouveau de la ganache. Terminer par une couche de chantilly.

Décorer de sucre coloré ou de vermicelles de chocolat.

mega coulant choco-marron

Pour **4 personnes**
Préparation **25 minutes**
Cuisson **5 à 7 minutes**
Repos **30 minutes**

150 g de **chocolat noir**
150 g de **beurre demi-sel** fondu
120 g de **sucre glace**
3 **œufs** + 1 **jaune**
1 c. à c. de **cannelle en poudre**
100 g de **Fleur de Maïs Maïzena®**
4 g de **levure chimique**
4 c. à s. rases de **crème de marrons Clément Faugier**
sucre glace pour le décor

Préchauffer le four à 180 °C.

Couper le chocolat en morceaux et le faire fondre au bain-marie. Ajouter le beurre, mettre hors du feu et fouetter.

Dans un saladier, fouetter les œufs et le jaune avec le sucre glace. Ajouter le chocolat fondu et bien mélanger au fouet manuel, puis incorporer la Maïzena® tamisée, la cannelle et la levure.

Verser dans quatre petites boîtes de crème de marrons, préalablement vidées et lavées, et réserver 30 minutes au frais.

Sortir les boîtes du réfrigérateur, déposer 1 cuillerée à soupe de crème de marrons dans chaque boîte, puis enfourner aussitôt pour 5 à 7 minutes.

Dès la sortie du four, parsemer de sucre glace et servir immédiatement, bien chaud.

DEPUIS 1882
A consommer de préférence avant la date indiquée sur le couvercle
POIDS NET : 500g

glace à la crème de marrons

Pour **4 personnes**
Préparation **5 minutes**
Congélation **4 heures** minimum (ou 30 à 40 minutes en sorbetière)

400 g de **crème liquide** ou de **lait concentré** non sucré
60 g de **lait concentré** sucré
500 g de **crème de marrons Clément Faugier**

Mixer les trois ingrédients dans un blender.

Verser la préparation dans une sorbetière et faire turbiner pendant 30 à 40 minutes, ou bien verser dans un bac et faire prendre au congélateur pendant au minimum 4 heures.

Servir avec des crêpes dentelle.

gâteau nuage au chocolat corsé

Pour **4-6 personnes**
Préparation **30 minutes**
Cuisson **30 minutes**

3 c. à s. bombées de **crème de marrons Clément Faugier**
150 g de **chocolat noir** à 70 % de cacao
135 g de **beurre**
5 **œufs**, blancs et jaunes séparés
100 g de **sucre en poudre**
30 g de **farine**
20 g de **cacao amer en poudre**
beurre et **farine** pour le moule
cacao pour saupoudrer

Préchauffer le four à 170 °C.

Beurrer et fariner un moule à savarin, à kouglof ou à manqué tout simple.

Faire fondre le chocolat au bain-marie avec le beurre. Mélanger et lisser l'appareil, puis, hors du feu, ajouter la crème de marrons. Bien mélanger pour que l'ensemble soit parfaitement homogène.

Mélanger la farine tamisée et le cacao en poudre. Ajouter alors le chocolat fondu et lisser.

Monter les blancs en neige, puis ajouter le sucre en poudre au bout de 3 minutes et continuer à battre pour obtenir des blancs meringués.

Incorporer les jaunes, un à un, puis ajouter la préparation au chocolat et mélanger de nouveau.

Verser la pâte dans le moule et enfourner 30 minutes.

Lorsque le gâteau est cuit, attendre qu'il refroidisse complètement avant de le démouler et de le saupoudrer de cacao amer.

minimadeleines cœur de châtaigne

Pour **24 minimadeleines**
Préparation **15 minutes**
Cuisson **6 à 8 minutes**
Repos **30 minutes**

- 150 g de **farine** tamisée
- 125 g de **beurre** ramolli
- 150 g de **cassonade** ou de **sucre roux**
- 2 gros **œufs**
- 2 c. à s. de **lait**
- 1 c. à s. de **levure chimique**
- 100 g de **carottes** râpées
- 2 c. à s. + 50 g de **crème de marrons Clément Faugier**
- 1 c. à s. d'**extrait de vanille**
- 1 c. à s. de **cannelle en poudre**
- **sucre glace** pour décorer

Préchauffer le four à 180 °C.

Fouetter les œufs avec le sucre jusqu'à ce que l'ensemble blanchisse. Ajouter progressivement la farine tamisée et la levure chimique. Mélanger intimement, puis ajouter le beurre ramolli, le lait, les carottes râpées, la cannelle, l'extrait de vanille et les 2 cuillerées à soupe de crème de marrons.

Verser 1 cuillerée à café de pâte dans chacune des empreintes d'une plaque à minimadeleines. Ajouter une touche de crème de marrons au centre et réserver au réfrigérateur pendant 30 minutes au minimum.

Enfourner et laisser cuire pendant 6 à 8 minutes. À la fin de la cuisson, sortir les madeleines du four, les démouler et les saupoudrer de sucre glace. Servir aussitôt.

La Laitière

Nestlé®

la Laitière®

kit yaourts & coulis de fruits

Pour **1 personne**

yaourt noix de coco, coulis de banane & noisettes grillées

1 **pot saveur noix de coco La Laitière®**, 1 **banane**, 8 **noisettes**, 1 filet de **miel d'acacia** (ou de **sirop d'érable**)

Verser le yaourt La Laitière® dans un petit bol. Couper quelques tranches de banane et les réserver. Mixer le reste de la banane jusqu'à obtenir un coulis et en napper le yaourt La Laitière®. Ajouter les tranches de banane, les noisettes concassés et le miel.

yaourt noix de coco & coulis d'abricot

1 **pot saveur noix de coco La Laitière®**, 2 **abricots** bien mûrs, dénoyautés

Mettre le yaourt La Laitière® dans un petit bol. Mixer les abricots jusqu'à obtenir un coulis et en napper le yaourt La Laitière®.

yaourt noix de coco, ananas & pistaches

1 **pot saveur noix de coco La Laitière®**, 2 tranches d'**ananas** (sans le cœur), 1 c. à s. de **pistaches** concassées

Verser le yaourt La Laitière® dans un petit bol. Couper quelques petits morceaux d'ananas et les réserver. Mixer le reste de l'ananas jusqu'à obtenir un coulis et en napper le yaourt La Laitière®. Ajouter les morceaux d'ananas et les pistaches concassées.

milk-shake aux céréales & à la fraise

Pour **1 grand verre**
Préparation **5 minutes**

1 **pot nature La Laitière®**
50 g de **fraises**
2,5 c. à s. de **corn flakes**
2 boules de **glace à la vanille**

Dans le bol d'un mixeur, verser le yaourt La Laitière®, 7 cl d'eau, les corn flakes, les fraises et mixer finement.

Ajouter la glace et mixer de nouveau.

Verser le milk-shake dans un grand verre. Déguster !

La Laitière

muesli maison chocolaté

Pour **1 grand pot**
Préparation **20 minutes**
Cuisson **1 heure**

350 g de **flocons d'avoine**
50 g de **riz soufflé**
65 g de **graines**
60 g d'**amandes**
60 g de **noisettes**
½ c. à c. d'**extrait de vanille**
250 g de **miel**
5 cl d'**huile de tournesol**
30 g de **sucre de canne**
50 g de **chocolat noir**
30 g de **raisins secs**
2 **pots nature La Laitière®**
sel

Préchauffer le four à 160 °C.

Dans un saladier, mélanger les flocons d'avoine avec le riz soufflé, les graines de courge, les amandes et les noisettes.

Dans une casserole, faire chauffer 3 cl d'eau avec l'extrait de vanille, le miel, l'huile et le sucre à feu doux, en remuant de temps en temps. Ajouter 1 pincée de sel. Verser le mélange sur les céréales et bien remuer.

Sur la plaque du four, étaler le muesli. Enfourner et laisser cuire 15 minutes. Baisser la température du four à 120 °C et continuer la cuisson 40 minutes, en remuant régulièrement.

Laisser refroidir puis parsemer de raisins secs et de chocolat coupé en petits morceaux. Conserver dans un bocal hermétique pendant 2 à 3 semaines.

Dans un bol, verser un peu de muesli et recouvrir de yaourt La Laitière®. Parsemer de fruits frais éventuellement puis déguster !

sablés à la crème de citron

Pour **1 quarantaine de sablés**
Préparation **35 minutes**
Repos **2 heures**
Cuisson **10 minutes**

2 **pots saveur citron La Laitière®**
1 c. à s. de **sucre glace**
colorant alimentaire jaune (facultatif)
80 g de **sucre en poudre**
175 g de **farine**
85 g de **beurre** très froid
15 g de **pistaches** concassées
1 petit **œuf**
½ c. à c. d'**extrait de vanille**
sel

Verser les yaourts La Laitière® dans un filtre à café et laisser drainer 2 heures.

Dans un bol, mettre les yaourts La Laitière® drainés puis ajouter le sucre glace et 1 goutte de colorant alimentaire. Bien remuer. Réserver au réfrigérateur.

Dans un saladier, mélanger le sucre avec 1 pincée de sel, la farine et le beurre coupé en petits dés. Malaxer du bout des doigts jusqu'à obtenir un mélange grumeleux. Ajouter les pistaches concassées, l'œuf et l'extrait de vanille. Bien mélanger pour obtenir une pâte homogène.

Former une petite boule de pâte dans le creux de la main et l'aplatir en appuyant avec le dos d'une fourchette. Répéter l'opération jusqu'à épuisement de la pâte. Les réserver 1 heure au réfrigérateur.

Préchauffer le four à 170 °C.

Disposer les sablés sur la plaque du four. Enfourner et laisser cuire 10 minutes jusqu'à ce qu'ils soient légèrement dorés. Laisser refroidir sur une grille. Garnir la moitié des sablés de crème citronnée puis refermer avec le reste des sablés.

tartelettes à la rhubarbe & aux fraises

Pour **5 tartelettes**
Préparation **30 minutes**
Réfrigération **1 heure**
Cuisson **25 minutes**

Pour la pâte
200 g de **farine**
35 g de **poudre d'amandes**
45 g de **sucre en poudre**
140 g de **beurre** très froid
1 **œuf**
½ c. à c. d'**extrait de vanille**

Pour la garniture
80 g de **sucre en poudre**
quelques gouttes de **colorant alimentaire rose**
2 c. à s. de **jus de citron**
1 tige de **rhubarbe**
5 **pots saveur fraises des bois La Laitière®**
½ barquette de **fraises**
sucre glace

Dans un saladier, mélanger la farine avec la poudre d'amandes, le sucre et le beurre coupé en dés. Travailler du bout des doigts. Ajouter l'œuf préalablement battu avec l'extrait de vanille et mélanger à l'aide d'une fourchette.

Sur le plan de travail, pétrir la pâte. La diviser en 5 portions puis les abaisser sur une épaisseur de 0,5 cm.

Tapisser 5 moules à tartelette de pâte. Les réserver pendant 1 heure au réfrigérateur.

Préchauffer le four à 170 °C.

Enfourner et faire cuire les tartelettes 25 minutes à blanc. Les laisser refroidir sur une grille avant de les démouler.

Dans une casserole, faire chauffer 35 cl d'eau avec le sucre, le colorant alimentaire et le jus de citron à feu moyen. Remuer jusqu'à ce que le sucre soit dissous. Ajouter la rhubarbe coupée en tronçons. Laisser bouillir pendant 4 minutes environ puis les égoutter.

Répartir les yaourts La Laitière® sur les fonds de tartelette. Ajouter quelques fraises coupées en deux et 2 tronçons de rhubarbe. Saupoudrer de sucre glace. Déguster sans attendre !

trifle de pommes & chantilly de yaourt

Pour **2 personnes**
Préparation **10 minutes**
Cuisson **12 à 15 minutes**

Pour la compote
2 grosses **pommes**
le **jus** de ½ **citron**
½ **gousse de vanille**
1,5 c. à s. de **liqueur de fruits** ou de **marsala** (facultatif)

Pour la chantilly
20 cl de **crème liquide entière** très froide
2 c. à c. de **sucre glace**
1 **pot saveur noix de coco La Laitière®**

Peler les pommes et les couper en deux puis en gros dés. Les recouvrir de jus de citron.

Dans une casserole, faire chauffer 90 cl d'eau avec la gousse de vanille fendue en deux, les dés de pomme, la liqueur ou le marsala à feu moyen. Laisser cuire le tout, en remuant pendant 12 à 15 minutes. Ajouter un peu d'eau, si nécessaire. Hors du feu, écraser délicatement en compote.

Dans un bol, monter la crème liquide en chantilly. Quand elle commence à prendre, ajouter le sucre de glace et continuer de battre jusqu'à ce qu'elle soit bien ferme puis verser le yaourt La Laitière® et remuer délicatement.

Répartir la compote dans 2 verres et recouvrir de chantilly. Déguster tiède ou très froid.

gâteau au yaourt

Pour **6 personnes**
Préparation **30 minutes**
Cuisson **1 heure**

170 g de **farine**
60 g de **Fleur de Maïs Maïzena®**
1,5 c. à c. de **levure chimique**
2 c. à s. de **zestes de citron**
3 **œufs**
185 g de **sucre en poudre**
11 cl d'**huile de tournesol**
2 **pots saveur vanille La Laitière®**
1 c. à c. d'**extrait de vanille**
110 g de **sucre glace**
le **jus** et le **zeste** de ½ **citron**
sel

Dans un bol, tamiser la farine et la Maïzena® avec la levure chimique, 1 pincée de sel puis ajouter les zestes de citron.

Dans le bol d'un mixeur, mixer les œufs avec le sucre jusqu'à obtenir un mélange crémeux puis verser l'huile en filet. Ajouter les yaourts La Laitière®, l'extrait de vanille puis la farine et mixer.

Préchauffer le four à 180 °C.

Verser la pâte dans un moule rond préalablement beurré. Enfourner et laisser cuire 1 heure environ. Vérifier la cuisson avec la lame d'un couteau : elle doit ressortir sèche. Laisser tiédir.

Dans un bol, mélanger le sucre glace avec le jus de citron. Verser le glaçage sur le gâteau et décorer de quelques zestes de citron. Laisser durcir avant de servir.

cake marbré aux framboises

Pour **1 cake**
Préparation **35 minutes**
Cuisson **1 heure**

3 gros **œufs**
1 c. à c. d'**extrait de vanille**
150 g de **sucre en poudre**
110 g de **beurre doux,** fondu
1 **pot saveur citron La Laitière®**
200 g de **farine**
2 c. à c. de **levure chimique**
125 g de **framboises**
sucre glace pour la décoration

Pour la crème d'amandes
1 petit **œuf**
40 g de **sucre en poudre**
50 g de **poudre d'amandes**
40 g de **beurre mou**

Dans un saladier, battre les œufs avec l'extrait de vanille et le sucre jusqu'à obtenir un mélange léger et onctueux. Ajouter le beurre fondu, le yaourt La Laitière® et 2 cuillerées à café d'eau. Ajouter la farine tamisée avec la levure chimique et bien mélanger.

Préparer la crème d'amandes : dans un bol, battre l'œuf avec le sucre puis ajouter la poudre d'amandes et le beurre mou. Bien remuer. Mélanger la crème d'amandes avec un tiers de la pâte nature et les framboises.

Préchauffer le four à 180 °C.

Dans un moule préalablement beurré, verser un peu de pâte nature puis la moitié de la pâte aux framboises. Recouvrir d'un peu de pâte nature puis le reste de pâte aux framboises. Terminer avec le reste de pâte nature.

Enfourner et laisser cuire 1 heure. Vérifier la cuisson avec la lame d'un couteau : elle doit ressortir sèche. Laisser refroidir sur une grille. Saupoudrer le cake de sucre glace.

foccacia à la crème d'amandes & aux abricots

Pour **8 personnes**
Préparation **30 minutes**
Repos **1 h 30**
Cuisson **40 à 45 minutes**

8 g de **levure de boulanger**
400 g de **farine**
3 c. à s. de **sucre en poudre**
1 **pot nature La Laitière®**
2 c. à s. d'**huile d'olive**
sel

Pour la crème d'amandes
60 g de **poudre d'amandes**
40 g de **beurre doux**, mou
1 **œuf**
50 g de **sucre en poudre**
1 c. à s. d'**extrait d'amande amère**
3 **abricots**
20 g de **pistaches vertes**, concassées

Dans un bol, mélanger la levure dans 17 cl d'eau tiède et réserver 5 minutes.

Dans un saladier, mélanger la farine avec le sucre et 1 pincée de sel. Creuser un puits au centre et y mettre la levure, le yaourt La Laitière® et l'huile d'olive. Battre avec une cuillère en bois puis terminer avec les mains : il faut que la pâte soit homogène et un peu collante. Continuer de pétrir la pâte puis la former en boule. Couvrir d'un torchon propre et laisser gonfler 1 heure.

Pétrir de nouveau la pâte puis l'étaler dans un plat rectangulaire préalablement huilé. Appuyer fortement à l'aide des pouces pour créer des trous. Laisser gonfler 30 minutes.

Dans une poêle, faire chauffer la poudre d'amandes à feu doux, en remuant sans cesse : la poudre ne doit pas colorer. La mettre dans un bol puis ajouter le beurre mou, l'œuf, le sucre et l'extrait d'amande amère. Bien mixer.

Préchauffer le four à 180 °C. Répartir la crème d'amandes sur la pâte puis ajouter les abricots coupés en tranches et parsemer de pistaches concassées. Enfourner 35 à 40 minutes. Laisser refroidir un peu avant découper en carrés.

cheese-cake au yaourt & citron

Pour **6 personnes**
Préparation **35 minutes**
Repos **12 heures**

Pour la pâte
250 g de **biscuits secs**
85 g de **beurre**

Pour la garniture
2,5 feuilles de **gélatine**
3 **pots saveur citron La Laitière®**
1 c. à s. de **sucre glace**
22 cl de **crème liquide**
½ gousse de **vanille**
quelques **framboises** pour la décoration

Émietter finement les biscuits secs.

Dans une casserole, faire fondre le beurre à feu doux puis ajouter les biscuits émiettés et bien mélanger.

Répartir les biscuits émiettés dans le fond d'un moule à manqué préalablement beurré et tapissé de papier sulfurisé. À l'aide du dos d'une cuillère à soupe, lisser la surface et réserver 30 minutes au réfrigérateur.

Faire ramollir les feuilles de gélatine dans un bol d'eau froide pendant 5 minutes. Bien les essorer.

Dans un grand bol, mélanger les yaourts La Laitière® avec le sucre glace et réserver.

Dans une casserole, faire chauffer la crème liquide avec la demi-gousse de vanille fendue en deux, à feu doux. À ébullition, mettre hors du feu. Ajouter les feuilles de gélatine essorées et remuer à l'aide d'un fouet. Verser sur la préparation au yaourt et bien mélanger de nouveau.

Verser la crème sur la base des biscuits et réserver toute la nuit au réfrigérateur. Le lendemain, retirer le pourtour du moule et déposer quelques framboises sur le cheese-cake.

Laitière

Lotus

SPECULOOS

kit fruits

ananas rôti & vanille

30 g de **beurre**, 450 g d'**ananas** en morceaux, 1 **gousse de vanille**, 4 **SPECULOOS LOTUS®**

Faire fondre le beurre dans une poêle et y faire dorer les morceaux d'ananas. Ajouter la vanille fendue en deux et la mettre dans la poêle. Mixer les SPECULOOS LOTUS® pour les réduire en poudre. Répartir les morceaux d'ananas dorés dans 4 verres et parsemer de SPECULOOS LOTUS® en poudre. Servir tiède ou froid, accompagné de glace vanille.

purée de mangues & menthe fraîche

2 **mangues**,1 c. à s. de **pâte à tartiner SPECULOOS LOTUS®**, 2 branches de **menthe** fraîche, 2 **SPECULOOS LOTUS®**

Éplucher les mangues et couper la chair en morceaux. Dans une casserole, faire fondre la pâte de SPECULOOS LOTUS® puis ajouter les morceaux de mangue et des feuilles de menthe ciselées. Cuire 2 minutes en mélangeant puis répartir dans 4 petits bols. Mixer les SPECULOOS LOTUS® pour les réduire en poudre. Parsemer de menthe fraîche ciselée et de miettes de SPECULOOS LOTUS®.

salade de fruits d'hiver

1 **pomme**, 1 **poire**, 1 **orange**, 1 **banane**, 4 **pruneaux**, 2 **citrons verts**, 2 **étoiles de badiane**, 4 **SPECULOOS LOTUS®**

Éplucher les fruits et les couper en morceaux. Placer tous les fruits coupés en morceaux dans un saladier et les arroser de jus des citrons. Ajouter les étoiles de badiane. Mélanger et laisser infuser 1 heure minimum. Concasser les SPECULOOS LOTUS®. Répartir la salade de fruits dans 4 verres en ajoutant les miettes de SPECULOOS LOTUS®.

compote de pêches & miel

1 kg de **pêches jaunes**, 1 c. à s. de **miel** liquide, 1 c. à s. de **jus de citron**, 3 **SPECULOOS LOTUS®**

Éplucher les pêches et les couper en morceaux. Les faire compoter dans une casserole avec le miel et le jus de citron pendant 5 à 6 minutes. Réserver au frais. Mixer les SPECULOOS LOTUS® pour les réduire en poudre. Répartir la compote dans 4 petits bols et saupoudrer de SPECULOOS LOTUS®.

Lotus
Lotus
Lotus
Lotus

tournicotis

Pour **4 personnes**
Préparation **15 minutes**
Repos **20 minutes**
Cuisson **10 minutes**

2 c. à s. de **pâte à tartiner SPECULOOS LOTUS®**
1 rouleau de **pâte feuilletée**
4 c. à s. de **lait**

Étaler la pâte feuilletée sur le plan de travail. La tartiner de pâte à tartiner SPECULOOS LOTUS®.

Rabattre les deux côtés de la pâte vers le centre. Faire de même avec les deux autres côtés puis rouler la pâte sur elle-même.

Envelopper dans du film alimentaire et réserver 20 minutes au congélateur.

Préchauffer le four à 180-200 °C.

À l'aide d'un couteau, couper la pâte en fines tranches et les déposer sur une feuille de papier cuisson. Badigeonner de lait à l'aide d'un pinceau et enfourner. Cuire 10 minutes. Laisser refroidir sur une grille puis servir froid.

pâte de speculoos maison

Pour **1 pot**
Préparation **5 minutes**
Repos **4 heures**

- 200 g de **SPECULOOS LOTUS®**
- 30 cl de **lait concentré** non sucré
- 1 c. à s. bombée de **miel** solide
- ½ c. à c. de **cannelle en poudre**

Placer les SPECULOOS LOTUS® dans le bol d'un robot et mixer pour les réduire en poudre.

Ajouter le lait concentré, le miel et la cannelle puis mixer de nouveau jusqu'à obtenir une pâte lisse.

Verser dans un pot avec couvercle et réserver 4 heures au frais avant de déguster à la petite cuillère ou sur du pain grillé.

crème glacée gingembre & SPECULOOS LOTUS®

Pour **4 personnes**
Préparation **15 minutes**
Cuisson **15 minutes**
Repos **4 heures**

4 **jaunes d'œuf**
100 g de **sucre en poudre**
40 cl de **lait**
1 c. à s. d'**extrait naturel de vanille**
200 g de **SPECULOOS LOTUS®**
20 cl de **crème liquide**
1 c. à c. de **gingembre en poudre**
sauce au chocolat pour le service

Dans une casserole, battre les jaunes d'œuf avec le sucre. Ajouter le lait et l'extrait de vanille. Faire chauffer à feu doux jusqu'à ce que la préparation épaississe. Laisser refroidir.

Placer les SPECULOOS LOTUS® dans le bol d'un robot et mixer pour les réduire en poudre.

Ajouter la crème liquide bien froide, le gingembre en poudre et la poudre de SPECULOOS LOTUS®. Mélanger et verser la crème dans un moule à cake.

Réserver 4 heures au congélateur. Couper en tranches puis servir, accompagné de sauce au chocolat.

mousse au café & SPECULOOS LOTUS®

Pour **4 personnes**
Préparation **20 minutes**
Repos **4 heures**

6 **petits-suisses**
2 c. à s. de **café soluble**
2 c. à s. de **pâte à tartiner SPECULOOS LOTUS®**
4 **blancs d'œuf**
une pincée de **sel**
4 **SPECULOOS LOTUS®**

Dans un saladier, mélanger les petits-suisses avec le café puis avec la pâte de SPECULOOS LOTUS®. Lisser.

Battre les blancs d'œuf en neige ferme avec une pincée de sel. Les incorporer délicatement à la préparation en soulevant bien le mélange pour ne pas casser les blancs.

Réserver 4 heures minimum au frais et saupoudrer de miettes de SPECULOOS LOTUS® avant de servir.

yaourt maison aux SPECULOOS LOTUS®

Pour **8 yaourts**
Préparation **5 minutes**
Cuisson **9 heures**
Repos **4 heures**

- 1 l de **lait**
- 2 c. à s. de **pâte à tartiner SPECULOOS LOTUS®**
- 1 **yaourt nature**
- 2 c. à s. de **lait en poudre**

Dans une casserole, faire chauffer le lait à feu doux et y faire fondre la pâte de SPECULOOS LOTUS® en mélangeant sans cesse et sans faire bouillir le lait.

Hors du feu, ajouter le yaourt et le lait en poudre. Mélanger soigneusement puis verser la préparation dans les pots à yaourt de la yaourtière.

Fermer le couvercle de l'appareil et laisser chauffer 9 heures.

Fermer chaque pot hermétiquement et réserver au frais 4 heures minimum.

panna cotta SPECULOOS LOTUS®
& mandarines

Pour **4 personnes**
Préparation **10 minutes**
Repos **3 heures**
Cuisson **5 minutes**

4 **clémentines**
2 **feuilles de gélatine**
20 cl de **lait**
20 cl de **crème liquide**
1 sachet de **sucre vanillé**
30 g de **SPECULOOS LOTUS®**
1 c. à s. de **sucre en poudre**

Presser 3 mandarines pour récupérer le jus.

Mettre les feuilles de gélatine à ramollir dans un bol d'eau froide.

Dans une casserole, faire chauffer le lait. Essorer la gélatine et, hors du feu, la diluer au fouet dans le lait chaud.

Ajouter la crème liquide, le jus des mandarines et le sucre vanillé. Mélanger et répartir dans des petits verres aux trois quarts. Réserver 3 heures au réfrigérateur.

Placer les SPECULOOS LOTUS® dans le bol d'un robot et mixer pour les réduire en poudre puis en recouvrir les panna cotta.

Détailler la mandarine restante en quartiers. Les faire revenir à feu très doux dans une poêle à revêtement antiadhésif avec le sucre en poudre. Laisser les quartiers de mandarine se glacer de sucre et devenir brillants. Les déposer sur les crèmes puis servir.

tiramisu aux SPECULOOS LOTUS®

Pour **4 personnes**
Préparation **20 minutes**
Repos **3 heures**

200 g de **chocolat noir**
4 **œufs**
80 g de **sucre en poudre**
300 g de **mascarpone**
2 c. à s. de **rhum**
une pincée de **sel**
2 c. à s. de **café soluble**
200 g de **SPECULOOS LOTUS®**

Faire fondre le chocolat au four à micro-ondes.

Séparer les jaunes des blancs d'œuf.

Dans un saladier, mélanger les jaunes avec le sucre, le mascarpone et le rhum.

Battre les blancs en neige ferme avec une pincée de sel et les ajouter délicatement à la préparation.

Verser le café dans une assiette creuse et ajouter un peu d'eau tiède.

Couper trois quarts des SPECULOOS LOTUS® et les tremper légèrement dans le café. Tapisser le fond de 4 verres avec la moitié des biscuits imbibés. Recouvrir de chocolat fondu puis de la moitié de la crème mascarpone-rhum.

Ajouter le reste des SPECULOOS LOTUS® au café puis le reste de crème. Réserver au frais 3 heures minimum.

Placer les SPECULOOS LOTUS® restants dans le bol du robot et mixer pour les réduire en poudre. Parsemer les tiramisus de SPECULOOS LOTUS® en poudre puis servir.

petits coulants chocolat & SPECULOOS LOTUS®

Pour **4 personnes**
Préparation **10 minutes**
Cuisson **10 minutes**

3 c. à s. de **pâte à tartiner SPECULOOS LOTUS®**
80 g de **beurre demi-sel**
200 g de **chocolat noir**
4 **œufs**
90 g de **sucre en poudre**
2 c. à s. rases de **farine**

Préchauffer le four à 240 °C.

Déposer des petites noix de pâte à tartiner SPECULOOS LOTUS® sur une assiette recouverte d'une feuille de papier cuisson. Réserver au congélateur.

Dans une casserole, faire fondre le beurre avec le chocolat.

Dans un saladier, battre les œufs avec le sucre. Ajouter la farine puis le beurre chocolaté. Lisser la pâte.

Répartir dans des moules à muffin en les remplissant aux trois quarts. Ajouter 1 noix de pâte à tartiner SPECULOOS LOTUS® congelée au centre de chacun.

Enfourner et cuire 10 minutes. Démouler délicatement et servir aussitôt.

tartelettes tout SPECULOOS LOTUS®

Pour **4 personnes**
Préparation **20 minutes**
Repos **30 minutes**
Cuisson **20 minutes**

Pour la pâte
8 **SPECULOOS LOTUS®**
220 g de **farine**
100 g de **beurre**
5 cl d'**eau**
une pincée de **sel**

pour la garniture
120 g de **SPECULOOS LOTUS®**
3 **œufs**
30 g de **sucre en poudre**
1 c. à s. de **rhum**

Placer les 8 SPECULOOS LOTUS® dans le bol d'un robot et mixer pour les réduire en poudre. Ajouter la farine, le beurre coupé en morceaux, 5 cl d'eau et le sel.

Mélanger puis former une boule de pâte. Envelopper dans du film alimentaire et réserver 30 minutes sous un torchon au frais.

Placer les 120 g de SPECULOOS LOTUS® dans le bol du robot et mixer pour les réduire en poudre.

Préchauffer le four à 180-200 °C.

Aplatir la pâte au rouleau et garnir 4 moules à tartelette préalablement beurrés et légèrement farinés. Piquer la pâte à la fourchette.

Dans un grand bol, mélanger les œufs, le sucre, les SPECULOOS LOTUS® en poudre et le rhum. Verser dans les 4 moules et enfourner. Cuire 20 minutes. Démouler tiède et servir froid avec de la crème fraîche fouettée.

Delacre

kit petits-fours sucrés

barquettes aux groseilles & myrtilles

Pour 12 barquettes
6 **Cigarettes Russes DELACRE®**, 1 c. à s. bombée de **mascarpone**, 1 ou 2 branches de **groseilles**, 1 c. à s. de **myrtilles**, 1 branche de **menthe** fraîche

Couper les Cigarettes Russes DELACRE® en deux dans le sens de la longueur. Pour y parvenir, prendre un couteau-scie et couper doucement. Remplir les demi-Cigarettes Russes DELACRE® de mascarpone. Disposer quelques groseilles et les myrtilles dessus. Réserver au réfrigérateur jusqu'au moment de servir. Décorer d'une feuille de menthe fraîche.

bouchées de ricotta, fruits confits & Cigarettes Russes DELACRE®

Pour 8 bouchées
2 c. à s. de dés de **fruits confits**, 250 g de **ricotta**, 6 **Cigarettes Russes DELACRE®**

Bien mélanger les fruits confits et la ricotta. Façonner des petites bouchées. Concasser les Cigarettes Russes DELACRE® en fine chapelure. Rouler les bouchées dedans. Réserver au réfrigérateur jusqu'au moment de servir.

Cigarettes Russes DELACRE® en chemise

Pour 10 cigarettes
2 c. à s. de **pistaches** mondées non salées, 8 g de **pralines roses**, 150 g de **chocolat noir**, 10 **Cigarettes Russes DELACRE®**

Hacher finement les pistaches et les pralines. Hacher le chocolat en petits morceaux, en faire fondre 100 g dans un bol au four à micro-ondes en remuant régulièrement. Quand il est fondu, ajouter les 50 g restants et les faire fondre en mélangeant vigoureusement. Quand le chocolat est bien fluide sans être chaud, plonger un côté des Cigarettes Russes DELACRE® dedans. Les poser sur du papier sulfurisé. Parsemer immédiatement de pistaches ou de pralines. Laisser le chocolat figer. S'il ne fige pas bien, réserver pendant 15 minutes au congélateur.

Delacre

sablés sablissimes aux noisettes

Pour **1 vingtaine de sablés**
Préparation **5 minutes**
Cuisson **20 minutes**
Réfrigération **1 heure**

1 boîte de 200 g de **Cigarettes Russes DELACRE®**
65 g de **beurre doux**
100 g de **poudre de noisettes**
1 poignée de **noisettes entières**, décortiquées

Concasser les noisettes.

Mixer finement les Cigarettes Russes DELACRE®. Ajouter la poudre de noisettes et les deux tiers des noisettes concassées puis mélanger.

Faire fondre le beurre coupé en morceaux. Verser le beurre fondu sur le mélange précédent. Mixer brièvement pour obtenir une pâte sablée.

Verser la pâte sur du film alimentaire, la façonner en boule aplatie puis couvrir de film alimentaire. À l'aide d'un rouleau à pâtisserie, étaler la pâte sur 2 cm d'épaisseur. Réserver 1 heure minimum au réfrigérateur.

Préchauffer le four à 160 °C.

Saupoudrer la pâte sablée du restant de noisettes concassées et bien appuyer pour les faire adhérer. Détailler la pâte en sablés à l'aide d'un emporte-pièce. Les disposer sur la plaque du four préalablement garnie de papier sulfurisé. Enfourner et laisser cuire 20 minutes. Surveiller la cuisson pour éviter que les sablés colorent trop.

Faire refroidir complètement puis conserver dans une boîte hermétique.

tartelettes de Cigarettes Russes DELACRE® à la rose & aux framboises

Pour **4 tartelettes**
Préparation **25 minutes**
Cuisson **20 minutes**

Pour la pâte
30 **Cigarettes Russes DELACRE®**
1 **jaune d'œuf** battu
1 rouleau de **pâte sablée**

Pour la crème à la rose
15 cl de **crème fleurette**
3 c. à s. de **confit de rose** (dans les épiceries fines)

Pour la garniture
250 g de **framboises**
sucre glace

Préchauffer le four à 170 °C.

Couper les Cigarettes Russes DELACRE® en tronçons bien droits de 2 à 3 cm. Les réserver au congélateur. Garnir le fond de 4 moules à tartelette de papier sulfurisé.

Dérouler la pâte sablée et y découper 4 disques du diamètre des moules.

Garnir le fond des moules avec les disques de pâte. Bien les piquer à l'aide d'une fourchette.

Pour le montage de chaque tartelette : tremper l'extrémité plate des tronçons de Cigarettes Russes DELACRE® dans le jaune d'œuf battu et les disposer bien serrés perpendiculairement sur le bord des disques de pâte en appuyant un peu pour les enfoncer.

Enfourner dans le bas du four et laisser cuire 20 minutes. Laisser refroidir avant de démouler. Monter la crème fleurette froide en chantilly bien ferme. Ajouter le confit de rose et fouetter de nouveau. Réserver au réfrigérateur.

Au moment de servir, répartir les deux tiers des framboises dans le fond des moules. Ajouter 1 cuillerée à soupe de crème à la rose. Terminer en disposant le reste des framboises sur la mousse. Saupoudrer de sucre glace et servir.

mousse onctueuse de mangue

Pour **4 personnes**
Préparation **20 minutes**

2 petites **mangues**
10 **Cigarettes Russes DELACRE®**
15 cl de **crème fleurette**

Éplucher les mangues et couper leur chair en petits dés. Mixer la moitié des mangues avec 8 Cigarettes Russes DELACRE®.

Monter la crème fleurette froide en chantilly.

Mélanger les deux tiers de la crème fouettée à la purée de mangue.

Dans 4 verrines, répartir les dés de mangue puis recouvrir de mousse de mangue. Terminer en ajoutant un peu de crème fouettée et parsemer de miettes de Cigarettes Russes DELACRE®.

minestrone de fruits de saison

Pour **4 personnes**
Préparation **20 minutes**
Cuisson **3 minutes**

80 g de **sucre en poudre**
600 g de **fruits de saison**
le **jus** de ½ **citron**
8 à 10 **Cigarettes Russes DELACRE®**

Dans une casserole, porter à ébullition le sucre dans 20 cl d'eau. Bien mélanger. Après 1 minute d'ébullition, mettre hors du feu et laisser refroidir.

Laver, éplucher les fruits puis les couper en petits dés. Arrosez-les de jus de citron pour éviter qu'ils noircissent.

Couper les Cigarettes Russes DELACRE® en tronçons de 1 cm. Alterner les couches de Cigarettes Russes DELACRE® et de fruits en commençant par les biscuits. Verser le sirop dans les verres au dernier moment pour ne pas ramollir les biscuits.

eton mess

Pour **4 personnes**
Préparation **5 minutes**

20 cl de **crème fleurette**
10 g de **sucre glace**
8 **Cigarettes Russes DELACRE®**
250 g de **fraises**

Monter la crème fleurette bien froide en chantilly avec le sucre glace.

Laver, équeuter et couper les fraises en quartiers.

Concasser les Cigarettes Russes DELACRE®.

Mélanger le tout et servir bien frais.

crumble ananas passion

Pour **4 personnes**
Préparation **20 minutes**
Cuisson **15 minutes**

Pour le crumble
10 **Cigarettes Russes DELACRE®**
2 c. à s. de **farine**
1 pincée de **quatre-épices**
30 g de **beurre**

Pour la garniture
1 ananas
1 ou 2 c. à s. de **sucre en poudre**
2 **fruits de la passion**

Préchauffer le four à 160 °C.

Émietter les Cigarettes Russes DELACRE®.
Les mélanger avec la farine et le quatre-épices.

Couper le beurre en petits dés et le travailler ensuite du bout des doigts avec le mélange précédent.

Étaler les miettes de crumble sur la plaque du four préalablement garnie de papier sulfurisé. Enfourner et laisser cuire 15 minutes. Remuer de temps en temps à l'aide d'une spatule puis laisser refroidir complètement.

Éplucher l'ananas et le couper en petits morceaux après avoir ôté le cœur.

Dans une poêle, faire chauffer le sucre avec les morceaux d'ananas, sans les faire colorer. Ajouter ensuite la pulpe des fruits de la passion.

Répartir les fruits dans 4 grands ramequins. Saupoudrer de crumble et servir aussitôt.

gratin de bananes & Cigarettes Russes DELACRE® au lait de coco

Pour **4 personnes**
Préparation **5 minutes**
Cuisson **20 minutes**

2 **bananes**
le **jus** et les **zestes** de 1 **citron vert**
12 **Cigarettes Russes DELACRE®**
20 cl de **lait de coco**
1 c. à s. de **sucre en poudre**

Préchauffer le four à 200 °C.

Couper les bananes en tranches. Les disposer dans un plat à gratin. Arroser de jus de citron vert.

Recouvrir de Cigarettes Russes DELACRE®. Verser le lait de coco à la hauteur des biscuits. Saupoudrer de sucre.

Enfourner et laisser cuire 20 minutes jusqu'à ce que la surface colore un peu. Servir tiède ou froid. Râper les zestes du citron vert dessus au moment de servir.

vatrouchka doublement russe !

Pour **6 personnes**
Préparation **20 minutes**
Cuisson **45 minutes**
Réfrigération **6 heures**

Pour la pâte
150 g de **Cigarettes Russes DELACRE®** (3 sachets)
2 c. à s. de **farine**
50 g de **beurre fondu**
sel

Pour la garniture
250 g de **faisselle** bien égouttée
10 cl de **crème épaisse**
2 **jaunes d'œuf**
35 g de **sucre en poudre**
1 c. à c. de **sucre vanillé**
50 g de **beurre mou**
2 c. à s. de **farine**
le **jus** de ½ **citron**
1 **blanc d'œuf**
sel

Mixer finement les Cigarettes Russes DELACRE®, ajouter la farine, une pincée de sel puis le beurre fondu.

Beurrer un moule rond à fond amovible (ou un cercle à pâtisserie) de 18 cm de diamètre et de 5 cm de hauteur. Répartir la pâte obtenue dans le fond du moule et sur les parois en l'étalant avec le dos d'une cuillère. Réserver 6 heures au réfrigérateur.

Préchauffer le four à 170 °C.

Mélanger la faisselle, la crème épaisse, les jaunes d'œuf, le sucre, le sucre vanillé et le beurre mou. Ajouter la farine puis le jus de citron. Bien remuer.

Monter le blanc d'œuf en neige avec une pincée de sel. L'incorporer délicatement au mélange précédent.

Verser la préparation dans le moule. Enfourner au 2e niveau du four et laisser cuire 40 minutes. Monter le moule d'un niveau et laisser cuire 5 minutes supplémentaires pour faire colorer la surface. Vérifier la cuisson à l'aide de la pointe d'un couteau : il faut qu'elle ressorte presque sèche. Sortir du four et démouler une fois que le gâteau est complètement refroidi. Servir nature ou avec un coulis de fruits rouges.

cigarettes
russes

tarte sablée aux pommes façon tatin

Pour **6 personnes**
Préparation **30 minutes**
Cuisson **30 minutes**

Pour la pâte
200 g de **Cigarettes Russes DELACRE®** (4 sachets)
30 g de **beurre demi-sel** mou

Pour la garniture
4 à 6 **pommes royal gala** ou **golden**
40 g de **beurre**
50 g de **sucre en poudre**

Préchauffer le four à 160 °C.

Mixer les Cigarettes Russes DELACRE® avec le beurre mou jusqu'à obtenir une pâte.

Verser la pâte dans un moule à tarte à fond amovible. Étaler et tasser la pâte à l'aide du dos d'une cuillère.

Enfourner et laisser cuire 15 minutes. Laisser la pâte refroidir complètement avant de démouler.

Pendant ce temps, éplucher les pommes et les couper en six.

Dans une poêle antiadhésive, faire chauffer le sucre. Quand il commence à fondre, ajouter le beurre coupé en morceaux. Une fois le beurre fondu et bien mélangé au sucre, poser les morceaux de pomme. Les faire cuire à feu doux-moyen, en les retournant régulièrement pour les caraméliser sur toutes les faces. Les laisser tiédir dans une assiette penchée pour enlever le jus. Au moment de servir, disposer les pommes sur la tarte et accompagner de crème épaisse.

BANANIA

kit boissons

Pour **4 verres**

café viennois

15 g de **BANANIA®**, 15 cl de **crème liquide** (30 % de MG) très froide, 4 **expressos**

Dans une casserole, faire chauffer le BANANIA® à feu doux avec 5 cuillerées à soupe de crème liquide. Bien mélanger. Dans un saladier, monter le reste de la crème liquide en chantilly bien ferme. Ajouter la sauce BANANIA® et mélanger délicatement. Verser 1 expresso dans 4 verres. Répartir la chantilly par-dessus. Saupoudrer de BANANIA® et servir.

milk-shake BANANIA® banane

4 **bananes**, 4 boules de **glace à la vanille**, 20 g de **BANANIA®**, 1 l de **lait** très froid

Couper les bananes en morceaux et les mettre dans le bol d'un mixeur. Ajouter la glace, le BANANIA® et le lait. Mixer et servir aussitôt.

milk-shake BANANIA®

½ l de **lait** très froid, 3 **yaourts**, 100 g de **pâte à tartiner BANANIA®**, quelques **glaçons**

Verser le lait et les yaourts dans le bol d'un mixeur. Ajouter la pâte à tartiner et les glaçons. Mixer et servir aussitôt.

chocolat chaud & chantilly

80 cl de **lait** entier, 8 c. à s. de **pâte à tartiner BANANIA®**, 15 cl de **crème liquide** (30 % de MG) très froide, 15 g de **BANANIA®**

Dans une casserole, faire chauffer le lait à feu doux. Sur la paroi de 4 verres, dessiner des bandes à l'aide d'un pinceau trempé dans la pâte à tartiner. Déposer 1 ou 2 cuillerées de pâte à tartiner dans le fond de chaque verre puis verser le lait chaud. Dans une casserole, faire chauffer le BANANIA® à feu doux avec 5 cuillerées à soupe de crème liquide. Bien mélanger. Dans un saladier, monter le reste de la crème en chantilly bien ferme. Ajouter la sauce BANANIA® et mélanger délicatement. Répartir la chantilly sur les tasses et servir.

barres de céréales

Pour **8 à 10 barres**
Préparation **10 minutes**
Cuisson **20 minutes**
Repos **10 à 15 minutes**

100 g de **flocons de céréales** (avoine, épeautre, etc.)
120 g de **beurre**
60 g de **miel** (ou de **sirop d'érable**)
30 g de **BANANIA®**
100 g de **cranberries**
30 g de **quinoa soufflé** ou de **riz soufflé**
60 g de **noisettes** grossièrement concassées

Préchauffer le four à 180 °C.

Dans une casserole, faire chauffer le beurre et le miel à feu doux quelques minutes jusqu'à ce que le mélange épaississe.

Dans un grand saladier, mélanger tous les ingrédients secs puis les ajouter au mélange beurre-miel.
Bien remuer.

Étaler la préparation dans un plat rectangulaire ou carré préalablement garni de papier sulfurisé.
Bien aplatir en appuyant sur toute la surface avec la paume de la main.

Enfourner et laisser cuire 20 minutes. À la sortie du four, laisser refroidir 10 à 15 minutes puis découper en barres.

carrés au riz soufflé

Pour **8 carrés**
Préparation **15 minutes**
Cuisson **5 minutes**
Repos **30 minutes**

80 g de **riz soufflé**
80 g d'**amandes** concassées
250 g de **sucre en poudre**
10 cl de **crème liquide**
40 g de **BANANIA®**
25 g de **beurre**

Dans un grand saladier, mélanger le riz soufflé avec les amandes concassées.

Dans une casserole, verser le sucre et recouvrir à hauteur d'eau. Faire chauffer à feu moyen, sans remuer. Lorsque le sucre commence à bouillir, saisir la casserole et opérer un mouvement circulaire pour répartir uniformément la chaleur.

Quand le caramel commence à brunir, ôter la casserole du feu et ajouter la crème liquide, le BANANIA® et le beurre coupé en petits morceaux. Bien mélanger et verser sur le riz soufflé et les amandes. Bien remuer.

Étaler cette préparation dans un plat préalablement garni de papier sulfurisé. Laisser durcir 30 minutes puis découper en carrés.

fondant au chocolat & au BANANIA®

Pour **6 à 8 personnes**
Préparation **15 minutes**
Cuisson **8 à 10 minutes**

75 g de **poudre de noisettes**
6 **œufs**
100 g de **sucre en poudre**
45 g de **farine**
120 g de **beurre**
80 g de **BANANIA®**
50 g de **cacao en poudre** non sucré

Dans une poêle, faire chauffer la poudre de noisettes à sec pendant quelques minutes en remuant constamment.

Battre les œufs avec le sucre jusqu'à ce que le mélange blanchisse. Ajouter la farine, la poudre de noisettes et continuer de battre.

Faire fondre le beurre au four à micro-ondes.

Dans un bol, mélanger le beurre fondu avec le BANANIA® et le cacao jusqu'à obtenir un mélange homogène. Verser cette préparation dans le mélange aux œufs et bien remuer.

Préchauffer le four à 200 °C.

Verser la pâte dans un moule rectangulaire préalablement beurré et fariné. Enfourner et laisser cuire 8 à 10 minutes. Surveiller la fin de la cuisson : le milieu du fondant doit être encore bien moelleux. Démouler dès la sortie du four.

pancakes au BANANIA®

Pour **10 pancakes**
Préparation **5 minutes**
Cuisson **35 minutes**

Pour les pancakes
2 **œufs**
250 g de **ricotta**
15 cl de **lait**
100 g de **farine**
30 g de **BANANIA®**
2 c. à c. de **levure chimique**
le **zeste** de 1 **citron**
huile, **sel**

Pour la sauce au BANANIA®
6 c. à s. de **crème liquide**
50 g de **BANANIA®**

Séparer les blancs des jaunes d'œuf.

Dans un saladier, battre les jaunes d'œufs avec la ricotta et le lait. Ajouter la farine, le BANANIA®, la levure, le zeste du citron et 1 pincée de sel. Bien mélanger. Battre légèrement les blancs d'œuf puis les ajouter au mélange.

Dans une poêle huilée bien chaude, verser 1 petite louche de pâte. Laisser cuire à feu doux 2 à 3 minutes de chaque côté. Répéter l'opération jusqu'à épuisement de la pâte.

Dans une casserole, faire chauffer à feu doux la crème liquide avec le BANANIA® afin d'obtenir une sauce homogène. Napper les pancakes de sauce et servir aussitôt.

crème au BANANIA®, céréales & fruits frais

Pour **4 personnes**
Préparation **10 minutes**
Cuisson **1 minute**

30 g de **BANANIA®**
4 c. à s. de **crème liquide**
150 g de **fromage frais** à tartiner
80 g de **céréales**
150 g de **fruits frais**

Dans une casserole, faire chauffer à feu doux le BANANIA® avec la crème liquide pendant 1 minute afin d'obtenir une crème assez épaisse.

Dans un bol, mélanger le fromage frais avec la sauce au BANANIA®. Bien lisser.

Servir dans des bols, accompagné de céréales et de fruits frais.

muffins à la myrtille

Pour **12 muffins**
Préparation **15 minutes**
Cuisson **25 à 30 minutes**

3 **œufs**
130 g de **sucre de canne**
20 g de **BANANIA®**
1 **yaourt**
8 cl de **lait**
10 cl d'**huile végétale**
200 g de **farine**
½ sachet de **levure chimique**
100 g de **flocons d'avoine**
le **zeste** de ½ **citron bio**
200 g de **myrtilles** (fraîches ou décongelées)
sel

Préchauffer le four à 180 °C.

Dans un saladier, battre légèrement les œufs avec le sucre, le BANANIA®, le yaourt, le lait et l'huile. Ajouter progressivement la farine et la levure chimique puis les flocons d'avoine, le zeste du demi-citron, 150 g de myrtilles et 1 pincée de sel. Mélanger sans lisser complètement.

Verser la pâte dans des moules à muffin préalablement garnis de caissettes en papier. Disposer le reste des myrtilles sur le dessus des muffins. Enfourner et laisser cuire 25 à 30 minutes.

BANANIA

cookies

Pour **15 à 20 cookies**
Préparation **15 minutes**
Cuisson **13 minutes**

125 g de **beurre demi-sel** mou
80 g de **cassonade**
200 g de **farine**
30 g de **BANANIA®**
20 g de **cacao en poudre** non sucré
1 c. à c. de **cannelle moulue**
1 **œuf**

Préchauffer le four à 180 °C.

Dans un saladier, travailler le beurre mou à l'aide d'une spatule en bois puis le mélanger avec la cassonade. Ajouter la farine, le BANANIA®, le cacao, la cannelle et l'œuf. Bien mélanger.

Façonner des boules de pâte de la grosseur d'une belle noix et les disposer sur la plaque du four préalablement garnie de papier sulfurisé en les espaçant légèrement. Enfourner et laisser cuire 13 minutes. Les laisser refroidir sur la plaque.

Note : Pour un goût différent, ajouter 100 g de cacahuètes grossièrement concassées dans la pâte.

BANANIA

cannelés

Pour **15 pièces**
Préparation **10 minutes**
Cuisson **55 minutes**

½ l de **lait**
1 **gousse de vanille**
30 g de **BANANIA®**
50 g de **beurre**
80 g de **farine**
140 g de **sucre en poudre**
2 **œufs** + 2 **jaunes**
1 c. à s. de **rhum**
sel

Dans une casserole, porter le lait à ébullition avec la gousse de vanille fendue en deux, le BANANIA® et le beurre.

Dans un bol, mélanger la farine, le sucre, 1 pincée de sel et les œufs. Ajouter le lait chaud et, à l'aide d'un fouet, bien lisser la pâte. Laisser refroidir quelques instants puis verser le rhum.

Préchauffer le four à 210 °C.

Verser la pâte dans des moules à cannelé. Enfourner et laisser cuire 15 minutes puis baisser la température à 180 °C et continuer de cuire pendant 40 minutes. Démouler à la sortie du four.

tartelettes meringuées aux noix & au BANANIA®

Pour **4 personnes**
Préparation **15 minutes**
Cuisson **25 minutes**

1 rouleau de **pâte feuilletée**
2 **blancs d'œuf**
100 g de **sucre en poudre**
20 g de **BANANIA®**
150 g de **cerneaux de noix** mixés
quelques **cerneaux de noix** pour la décoration
sucre glace

Étaler la pâte feuilletée. À l'aide d'un emporte-pièce, découper 4 cercles de 14 cm de diamètre. Foncer la pâte dans 4 moules ronds de 10 cm de diamètre.

Battre les blancs d'œuf en neige assez ferme puis ajouter progressivement le sucre : il faut obtenir un mélange souple et brillant. Ajouter le BANANIA® et la poudre de noix. Remuer délicatement.

Préchauffer le four à 210 °C.

Répartir la meringue sur les tartelettes. Enfourner et laisser cuire 10 minutes. Ajouter quelques cerneaux de noix sur les tartelettes puis baisser le four à 160 °C et continuer la cuisson 15 minutes. Saupoudrer de sucre glace avant de servir.

Cassis

kit glaçons au sirop TEISSEIRE

Pour une **cinquantaine de glaçons**

Compter 1 dose de sirop pour 3 d'eau :
¼ de sirop d'**ananas TEISSEIRE**
¼ de sirop de **grenadine TEISSEIRE**
¼ de sirop de **iced tea TEISSEIRE**
¼ de sirop de **fruit de la passion TEISSEIRE**
quelques feuilles de **menthe** fraîche (de petite taille)
½ barquette de **framboises** (60 g)
½ barquette de **myrtilles** (60 g)
fleurs comestibles
¾ d'**eau minérale**

Verser ¼ de sirop dans le bac à glaçons, ajouter un fruit, une feuille ou une fleur puis compléter avec de l'eau minérale. Mélanger sirops et fruits selon les envies.

Laisser 3 heures minimum au congélateur.

Utiliser ces glaçons avec de l'eau, de la limonade, un milk-shake ou encore du thé glacé.

limonade au citron vert et banane

Pour **2 personnes**
Préparation **5 minutes**

1 **banane** mûre
3 c. à s. de **sirop de citron vert TEISSEIRE**
quelques gouttes de **jus de citron**
30 cl de **limonade**
glace pilée (ou glaçons)
1 c. à s. de **cassonade** (facultatif)

Écraser la banane grossièrement à l'aide d'une fourchette. La mixer finement avec le sirop de citron vert TEISSEIRE et quelques gouttes de jus de citron puis ajouter un peu de limonade.

Verser ensuite le reste de limonade et mixer de nouveau (mais pas trop).

Dans chaque verre, déposer quelques glaçons ou de la glace pilée puis verser la préparation et la cassonade. Déguster aussitôt.

Teisseire
SIROP DE
Citron
Vert
2 CUPS
16 OZ
1 PINT
12
1 CUP
8
1 CUP
4

sirop de pêche TEISSEIRE épicé

Pour **2 personnes**
Préparation **5 minutes**

Compter 1 dose de sirop pour 5 de limonade :
1/6 d'un verre de **sirop de pêche TEISSEIRE**
5/6 de **limonade**
plein de **glaçons**
4 **badianes** étoilées
6 **graines de cardamome verte**
4 petits **bâtons de cannelle**

Verser le sirop dans 2 verres.

Répartir la limonade, ajouter des glaçons et décorer d'épices.

Conseil : Pour accentuer le goût de la cardamome, écraser les graines de manière à fendiller les coques très légèrement.

soupe de fruits, fraises fraîches et sirop de cassis TEISSEIRE

Pour **2 ou 3 personnes**
Préparation **10 minutes**
Cuisson **10 à 20 minutes**
Réfrigération **2 heures**

300 g (environ) de **fraises**, équeutées et coupées en quatre
35 cl d'**eau**
50 g de **sucre**
1 grosse tige de **rhubarbe rose**, pelée et coupée en petits tronçons
4 c. à s. de **sirop de cassis TEISSEIRE**
1 petite barquette de **mûres** (125 g)
1 c. à c. de **zestes de citron bio**

Mettre la moitié des fraises dans une casserole avec l'eau et le sucre. Porter à ébullition puis laisser bouillir environ 10 à 15 minutes.

Filtrer cette préparation. Remettre le jus filtré dans la casserole propre avec les tronçons de rhubarbe et le sirop de cassis TEISSEIRE et laisser bouillir à feu doux pendant environ 10 minutes.

Verser dans des petits bols ou dans un grand saladier et ajouter les mûres et le reste des fraises. Mettre 2 heures minimum au frais.

Au moment de servir, parsemer de zestes de citron.

SIROP DE
Cassis

lait fraise chaud ou froid avec chantilly

Pour **2 personnes**
préparation **10 minutes**
cuisson **5 minutes**

20 cl de **crème liquide** bien froide
½ sachet de **Cremfix®** (facultatif)
2 c. à s. de **sucre glace**
3 ml de **sirop de fraise TEISSEIRE**
30 cl de **lait demi-écrémé**
pour la décoration
2 **cerises confites**

Monter la crème bien froide en chantilly avec un batteur électrique. Quand la chantilly commence à prendre, verser la poudre Cremfix® et le sucre glace, continuer de battre jusqu'à ce qu'elle soit bien ferme.

Dans une casserole, faire chauffer le lait sur feu doux. Quand le lait bout, retirer du feu. Si une peau s'est formée à la surface, la retirer.

Verser le sirop de fraise TEISSEIRE dans un verre, ajouter le lait chaud. À l'aide d'une poche à douille lisse et large, déposer la chantilly sur le dessus.

Poser la cerise sur le côté et ajouter une paille. Déguster de suite ou laisser refroidir.

Astuce : Cette recette est aussi délicieuse avec du sirop de grenadine TEISSEIRE !

smoothie à la banane et à l'ananas

Pour **2 personnes**
préparation **5 minutes**
congélation **20 à 30 minutes**

Compter 1 dose de sirop pour 6 de lait :
1/7 d'un verre de **sirop d'ananas TEISSEIRE**
6/7 d'un **verre de lait** très froid
1,5 **banane** très mûre

Pour la décoration
quelques **pistaches vertes**, concassées

Mettre le lait au congélateur pendant la préparation des autres ingrédients (ou, mieux, 30 minutes avant).

Écraser la banane grossièrement à l'aide d'une fourchette.

Mixer le sirop d'ananas TEISSEIRE, la banane et le lait.

Verser le smoothie dans 2 grands verres et saupoudrer de pistaches concassées. Servir aussitôt.

flan au sirop TEISSEIRE et noix de coco

Pour **3 ou 4 flans**
Préparation **20 minutes**
Cuisson **35 à 40 minutes**

Pour le caramel au sésame
70 g de **sucre**
3 cl d'**eau**
12 g de **sésame**

Pour la pâte à flan
2 **œufs**
170 g de **lait concentré** sucré
15 cl de **lait écrémé**
60 g de **noix de coco** râpée
4 c. à c. de **sirop de pomme TEISSEIRE**

Pour la décoration
noix de coco râpée

Préchauffer le four à 175 °C.

Préparer d'abord le caramel. Faire chauffer le sucre et l'eau dans une casserole à feu doux jusqu'à obtenir une couleur marron doré clair. Verser sans attendre une fine couche de caramel au fond des ramequins puis les parsemer de graines de sésame.

Dans un bol, séparer les jaunes des blancs d'œuf. Fouetter les jaunes d'œuf avec le lait concentré et le lait écrémé puis ajouter la noix de coco.

Monter les blancs d'œuf en neige pas trop ferme. Incorporer délicatement les blancs au mélange lait-jaunes d'œuf puis ajouter le sirop de pomme TEISSEIRE.

Verser la pâte dans les ramequins et enfourner 35 à 40 minutes. Vérifier qu'ils sont cuits en touchant le dessus avec le bout du doigt : ils doivent être fermes.

Sortir les flans du four et les saupoudrer de noix de coco.

Conseil : Au bout de 15 à 20 minutes de cuisson, recouvrir les flans d'une feuille de papier d'aluminium pour éviter qu'ils ne brûlent.

beignets au sirop d'ananas TEISSEIRE et noix de coco

Pour **20 à 25 beignets**
Préparation **20 minutes**
Réfrigération **1 heure**
Cuisson **2 à 3 minutes**

2,5 c. à s. de **sucre**
1 **jaune d'œuf**
10 cl de **lait entier**
10 cl d'**eau** tiède
5 à 10 g de **beurre** fondu
½ c. à c. d'**extrait de vanille**
2,5 c. à s. de **sirop d'ananas TEISSEIRE**
sel
150 g de **farine**
les **zestes** de ½ **citron**
2 **blancs d'œuf**
50 cl d'**huile de tournesol**

Pour la décoration
noix de coco

Dans un grand bol, mélanger le sucre et le jaune d'œuf puis ajouter le lait, l'eau, le beurre, l'extrait de vanille, le sirop d'ananas TEISSEIRE et une pincée de sel. Ajouter enfin la farine et les zestes de citron. Bien mélanger et laisser reposer environ 1 heure au réfrigérateur.

Battre les blancs d'œufs en neige puis les incorporer délicatement à la pâte.

Dans une casserole, faire chauffer l'huile à environ 170 °C puis laisser tomber des petites quantités de pâte (la taille d'une cuillère à soupe) dans l'huile (attention aux éclaboussures) et faire frire les beignets 2 à 3 minutes jusqu'à ce qu'ils soient bien dorés.

Déposer les beignets sur du papier absorbant et les rouler ensuite dans la noix de coco.

compote de pommes, sirop d'agrumes TEISSEIRE & chantilly

Pour **3 personnes**
Préparation **15 minutes**
Cuisson **15 minutes**

2 **pommes**
le **jus** de ½ **citron**
8 cl d'**eau**
½ **gousse de vanille**
3 c. à s. de **sirop d'agrumes TEISSEIRE**

Pour la chantilly
20 cl de **crème liquide** très froide
3 c. à s. de **sucre glace**

Peler les pommes, les couper en deux, enlever leur cœur puis les couper en gros dés.

Mélanger les dés de pomme et le jus de citron puis verser le tout dans une casserole avec l'eau, la gousse de vanille et les graines grattées ainsi que le sirop d'agrumes TEISSEIRE. Faire cuire sur feu moyen pendant 10 à 15 minutes. Si l'eau s'évapore trop vite, ajouter un peu plus d'eau.

Hors du feu, écraser délicatement les pommes en compote.

Monter la crème en chantilly. Quand elle commence à prendre, verser le sucre glace et continuer de battre jusqu'à ce qu'elle soit bien ferme.

Verser la compote dans des petits bols et déposer une belle noix de chantilly dessus.

cupcakes à la meringue au sirop de pêche TEISSEIRE

Pour environ **10 à 12 mini cupcakes**
Préparation **30 minutes**
Cuisson **20 à 25 minutes**

50 g de **beurre** mou
120 g de **farine**
1,5 c. à c. de **levure chimique**
100 g de **sucre**
1 **œuf**
1 c. à c. d'**extrait de vanille**
12 cl de **lait entier** ou de **crème liquide**

Pour la meringue
150 g de **sucre**
3 **blancs d'œuf**
2 c. à c. de **sirop de pêche TEISSEIRE**
colorant alimentaire en gel orange
vermicelles de sucre orange

Préchauffer le four à 170 °C.

Faire fondre le beurre. Réserver.

Mélanger la farine avec la levure et le sucre. Mélanger l'œuf avec le beurre fondu, l'extrait de vanille et le lait puis ajouter cette préparation au mélange précédent. Mélanger jusqu'à ce que la pâte soit homogène.

Verser la pâte dans des moules à muffin beurrés et enfourner 20 à 25 minutes. Démouler et laisser refroidir.

Verser le sucre dans un plat allant au four et enfourner à 160 °C, 5 à 10 minutes. Vérifier avec un thermomètre à sucre au moment de le sortir : il doit être à 100 °C.

Pendant que le sucre est dans le four, battre les blancs d'œuf en neige avec un batteur électrique. Quand ils sont bien montés, ajouter le sucre brûlant en pluie sans cesser de fouetter.

Fouetter jusqu'à ce que la meringue soit bien ferme et brillante. Juste avant d'arrêter de battre, ajouter une pointe de colorant et le sirop de pêche TEISSEIRE. À l'aide d'une poche à douille lisse et assez large, décorer les muffins et saupoudrer de vermicelles.

annexe

index des recettes

Découvrez toute la collection :

entre amis

200 recettes autour du **barbecue**

À chacun sa petite **cocotte**

Apéro

Brunchs et petits dîners pour **toi & moi**

Cocktails glamour & chic

Cupcakes colorés à croquer

Macarons et tout petits gâteaux

Verrines

cuisine du monde

200 recettes comme à **New York**

200 bons petits plats **italiens**

Pastillas, couscous, **tajines**

Petits plats **asiatiques**

Spécial thaï

Wok le tour du monde des recettes

Sushis & Cie

tous les jours

200 recettes pour **étudiants**

200 recettes familiales **vite prêtes**

À table en moins de **20 minutes**

Chocolat

Cuisine du marché à moins de **5 euros**

Desserts trop bons

Pasta

Petits goûters avec les **marques cultes**

Cakes & Cie

Recettes pour **bébé**

Spécial **Débutants**

Tartes mini ou family

200 recettes prêtes en **10 minutes**

Tout petits gâteaux & pâtisseries

La petite cuisine du **placard**

bien-être

21 menus minceur pour **perdre du poids**

200 recettes **équilibrées** pour toute la famille

Quinoa, boulgour lentilles & Cie

Papillotes, la cuisine vapeur qui a du goût

Pâtisseries & desserts **à la stévia**

Petite bible de la cuisine **sans gluten**

Poissons & crustacés faciles

Recettes **vapeur**

Salades

Smoothies et petits jus frais & sains

Soupes pour tous les goûts

Végétarien débutant

SIMPLE
PRATIQUE
BON

POUR CHAQUE RECETTE, UNE VARIANTE EST PROPOSÉE.

MARABOUT CÔTÉ CUISINE